Zsuzsanna
Ardó

HOW TO BE A EUROPEAN?
GO HUNGARIAN!

Illusztrálta:
TETTAMA

EURÓPAI AKARSZ LENNI?
CSINÁLD MAGYARUL!

Ardó
Zsuzsanna

A könyvet tervezte:
Typography and book design by
Pogány György

Kiadja a Texoft Nyomdaipari Számítástechnikai Kft. BIOGRÁF Kiadója
Felelős vezető:a Texoft Kft. igazgatója
Felelős szerkesztő: Majtényi Klára
Nyomta az Athenaeum Nyomda Rt., Budapest
Felelős vezető: Vida József vezérigazgató
Táskaszám: 941107

ISBN 963 7943 56 0

To Daniel

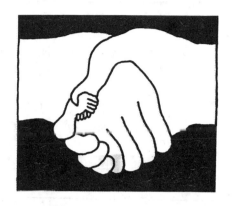

Dánielnek

CONTENTS

TARTALOMJEGYZÉK

**The English and the Hungarians
are very much alike,
except the Hungarians are more so.**

(adapted from James Dunne)

For all aspiring Europhiles, trying to forge a
European identity has been a very bumpy ride,
an exorbitantly expensive and frequently
exasperating process which has so far proved
elusive. Is it not high time to admit the approach
hasn't worked: creating a mosaic from competing
countries and cultures is much too tall an order.

The alternative solution is glaringly obvious.
Instead of endlessly trying to reconcile many
different cultures across the continent, the
straightforward option is to take one's cue for
Euro identity-formation from a country which
considers itself to be right in the
centre of Europe.

**Ha Európa a világ kalapja,
Magyarország a bokréta rajta.**

(Petőfi után szabadon)

Az európaiság feltörekvő bajnokai számára az európai identitás kikupálása eleddig igen rázós próbálkozás volt; olyan éghekiáltóan költséges és gyakorta vesződséges folyamat, amelynek eredménye mind ez idáig füstbe ment. Nincs-e itt a legfőbb ideje elismerni, hogy ez a megközelítés nem működik: túlságosan nagy fába vágja a fejszéjét az, aki egymással versengő országok és kultúrák egyvelegéből mozaikot akar kirakni.

Az alternatív megoldás napnál világosabb. Ahelyett, hogy minduntalan különböző kultúrákat próbálnánk összebékíteni kontinensszerte, a pofonegyszerű eljárásmód az, hogy attól az országtól veszünk écákat az európai identitás kikupálásához, amely Európa kellős közepén tudja magát.

EUROPEANS PAR EXCELLENCE

To the casual observer, Hungary may appear to be towards the east of Europe. This is not so for Hungarians. They see themselves as right in the heart of Europe, and argue their case geographically: if Turkey and Romania are Eastern Europe and Germany is Western, then Hungary is **the** Central European country per se. Thus, Hungarians long for the day when it finally dawns on the world that it has got the geographical centre of Europe all wrong. It is in fact in Hungary, where indeed it should be. Simple, really.

The country's stake to being at the very heart of Europe is even more forcefully claimed by a long and torturous cultural-historical argument, more of which later.

Hungarians – the Magyars

The word 'Hungarian' misleads innocent outsiders who, by default, tend to take things literally. This will not do in Hungary where most everything is tantalizingly complex, or at least

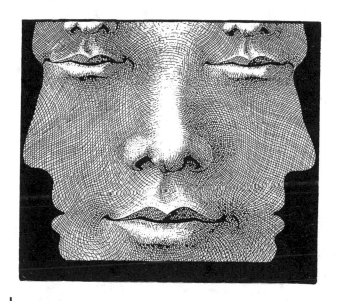

KIKÖPÖTT EURÓPAIAK

A felületes szemlélő úgy vélheti, hogy Magyarország Európa keleti felére esik. Nem így vannak ezzel a magyarok. Ők Európa szívében látják magukat, és ezt földrajzi érvekkel támasztják alá: ha Törökország és Románia Kelet-Európa, és ha Németország Nyugat-Európa, akkor Magyarország maga **a megtestesült** Közép-Európa. Így a magyarok áhítva várják azt a napot, amikor a világnak végre feldereng, hogy mindeddig tökéletesen elhibázta Európa közepét. A közép valójában Magyarországon van, hol is lehetne másutt? Mi sem egyszerűbb.

De ennél még vehemensebben – hosszadalmas és kínkeserves kultúrtörténeti fejtegetésekkel is – szeretik alátámasztani, hogy az országot Európa a szíve alatt hordja; ezekről lásd később.

Hungarians – a magyarok

A 'Hungarian' szó félrevezeti az ártatlan kívülállót, aki hajlik arra, hogy kapásból szó szerint vegyen dolgokat. Ez azonban nem nyerő Magyarországon, ahol leginkább minden gyötrelmesen bonyolult, vagy

9

people love to act as if this is the case; if not, every effort is done to make it so.

Again, in the case of the word 'Hungarian', things are rarely as straightforward as they might appear to be. As a novice Europhile you could possibly be forgiven for thinking that Hungary refers to the ancient Hungarians. Recalling the "Scourge of God", aka Attila the Hun, you might cheerfully deduce that Hungarians are descendants of the Huns and thereby feel you have safely pinpointed the origins of all Hungarians.

Not so, unfortunately. Both the Huns and the descendants of the people now referred to as Hungarians arrived from Asia to enthusiastically embark on the grandest European tours ever undertaken. So far so good. However, there was a negligible time lag of several hundred years between the two ostentatious ramblings, and the same hiatus before their eventual upshot. The first – the great Hun Empire – disappeared around AD 451, only to resurface in a Verdi opera and in the first syllable of the name 'Hungarian', which actually refers to the second group of happy wanderers who eventually settled down in central Europe in AD 896 or thereabouts.

They and their progeny call themselves 'Magyar' (singular), 'Magyarok' (plural); with 'Magyarul' meaning 'in Hungarian' and 'Magyarország' (Magyarland), 'for Hungary'. (Relax – no extra titbits to denote gender). 'Hungarian' is only used by and in communication with foreigners. Indeed this is how the name stuck, as a result of some popular misconception on the part of outsiders about the Magyars being the Huns. This confusion is, however, not the exclusive privilege of foreigners, since 'Attila' (the ever popular Hun emperor, in case you'd forgotten) is a very fashionable first name in Hungary, no doubt given to denote being 'authentically Hungarian'.

You cannot but bump into Hungarians wherever you go; you will find them everywhere even if you (or themselves) are unaware of their roots. The British Royal Family is rumoured to have some

legalábbis imádnak úgy tenni, mintha az lenne, és ha nem az, akkor mindent elkövetnek azért, hogy az legyen.

Visszatérve, a 'Hungarian' szó esetében korántsem olyan nyilvánvaló a helyzet, mint amilyennek tűnik. Bocsánatos bűn, ha újdonsült eurómánként azt gondolnád, hogy Hungary az ősi magyarokra (Hungarians) utal. S ha eszedbe ötlik „Isten ostora", más néven Attila, a hun, akkor boldogan levonhatod azt a következtetést, hogy a magyarok (Hungarians) a hunok leszármazottai, és úgy vélheted, hogy biztom rátapintottál a magyarok eredetére.

Sajna, nem így áll a dolog. A hunok, illetve a manapság magyarnak (Hungarians) nevezett nép elődei is egyaránt Ázsiából érkeztek, hogy lelkesen belevessék magukat egy soha nem látott méretű európai körutazásba. Eddig rendben is volna. Csakhogy e két fenekedő kalandozási hullám között eltelt némi elhanyagolható idő, néhány száz esztendőcske, s ugyanekkora a hézag e rabló hadjáratok végső lecsapódása között is. Az első – a Nagy Hun Birodalom – i. sz. 451 tájékán tűnt el, hogy aztán csupán egy Verdi operában bukkanjon fel újra, valamint a 'Hungarian' név első szótagjában, amely megnevezés viszont az önfeledt kalandozók második csoportjára utal, akik végül Közép-Európában kötöttek ki, nagyjából i. sz. 896 körül.

Ők és ivadékaik a 'magyar' (egyes szám), 'magyarok' (többes szám) elnevezést alkalmazzák magukra; 'magyarul' annyit tesz: 'in Hungarian' és 'Magyarország' (Magyarföld) azt jelenti: 'Hungary'. (Nyugi – a nemek megjelölésével nem kell bajlódnod.) A 'Hungarian' szó csak a külföldiekkel való érintkezésben használatos. Az elnevezés egyébként pontosan így, az idegenek körében elterjedt tévedés következtében ragadt meg, akik a magyarokat összekeverték hunokkal. Ez a tévedés azonban nem csupán a külföldiek kizárólagos előjoga, lévén, hogy az 'Attila' (a páratlanul népszerű hun fejedelem, ha netán elfeledted volna) igen divatos keresztnév Magyarországon, amellyel nyilván azt akarják jelezni, hogy viselője aztán 'magyar a javából'.

Bármerre jársz, óhatatlanul magyarokba ütközöl; azokról is kiderülhet, hogy magyar gyökereik vannak, akikről nem is sejtenéd, (sőt, akik erről saját maguk

Hungarian blood, although this has not been confirmed by the palace – but then, what is?

To start with, in neighbouring countries there are Hungarians numbering around one third the population of Hungary itself – an unusual situation indeed in central Europe. You can score brownie points in a conversation with Hungarians by dropping a few empathic comments about the Hungarian communities in Austria, Croatia, Romania, Serbia, Slovakia, Slovenia and the Ukraine. Transylvania has a particular place in the Hungarian psyche, and you would do well to tread with extra caution here. You will make a lasting impression if you casually demonstrate your knowledge of, for example, the Hungarian name Kolozsvár (Kolozs castle), for the town of Cluj in Romania – see more under 'Transylvania'.

Some countries have grown larger in the course of history, some have disappeared, and others, like Hungary, have successfully managed to go through the traumatic process of seeing their territory shrink dramatically, with corresponding ego implications. The psychological burden of deep resentment felt at having lost 67% of her territory and 59% of her population to neighbours after World War I still haunts Hungarians, some more than others.

To be a Hungarian, you must not be disturbed by the argument that in spite of large swathes of Hungarian communities in the lost territories, 52% of Greater Hungary was, in any case, not Hungarian. Besides, even eminent Hungarians would be hard-pressed to argue that the relationship between themselves and the various ethnic minorities within Greater Hungary was historically any better than is generally the case in such complex situations.

However, as far as Hungarians are concerned, they are dramatic losers in the game of history, and the world is definitely worse off for that. As a novice Hungarian, make sure you cultivate an abiding sense of loss in your subconscious.

sem tudnak). Állítólag a brit királyi család ereiben is csörgedezik némi magyar vér, ámbár a palota ezt nem erősítette meg – nade, mit szokott megerősíteni a palota?

Hogy az elején kezdjük, a szomszédos országokban Magyarország lakosságának csaknem egyharmadát kitévő magyar népesség él – valóban szokatlan helyzet Közép-Európában. Jó pontokat szerezhetsz magadnak, ha magyarokkal beszélgetvén elejtesz néhány megértő megjegyzést az Ausztriában, Horvátországban, Romániában, Szerbiában, Szlovákiában, Szlovéniában és Ukrajnában élő magyar közösségekről. Erdély megkülönböztetett helyet foglal el a magyar lélekben, jól teszed, ha itt különös óvatossággal jársz el. Imponálni fog, ha például lazán értésre adod, hogy tudod: a magyarok Kolozsvárnak hívják a romániai Clujt – bővebben lásd az 'Erdély' címszó alatt.

Egyes országok nőttek a történelem során, mások eltűntek, megint másoknak, mint például Magyarországnak, sikerült keresztülvergődniük területük drámai összezsugorodásának traumatikus folyamatán, ennek öntudatbeli következményeivel együtt. A magyarokat mélyen bántja, hogy Magyarország területének 67%-a és lakosságának 59%-a az I. világháború után átkerült a szomszédokhoz, s ennek lelki terhe máig kísérti őket, egyeseket jobban, másokat kevésbé.

Ha magyar akarsz lenni, akkor el kell siklanod afölött a tény fölött, hogy jóllehet az elveszített területeken valóban kiadós csonkokban élnek magyar közösségek, viszont Nagy-Magyarország 52%-a meg nem volt magyar. Mellesleg, még nagy magyarok is vért izzadnának, ha azt akarnák bebizonyítani, hogy a magyarok és a nemzeti kisebbségek viszonya Nagy-Magyarországon jottányival is jobb lett volna történelmileg, mint ahogy az általában alakulni szokott ilyen összetett helyzetekben.

A magyarok persze tragikus vesztesnek tekintik magukat a történelem játszmájában, és szerintük ezzel természetesen az egész világ is rosszabbul járt. Újdonsült magyarként ne mulaszd el tudatalattidban gondosan ápolni a veszteség kigyomlálhatatlan érzését.

13

A loser you may be as a Hungarian, but this should not prevent you from perceiving yourself with a soupçon of superiority. As a Hungarian, you must learn to act what could appear to some as exuberantly arrogant; assertive in the extreme; and proud. All of these are engineered by way of compensation for the great sense of self-pity and sulking at having been so misunderstood and ill-treated by the rest of the world.

A European pre-occupation indeed.

Vesztes lehetsz ugyan magyarként, ám ez nem kell eltántorítson attól, hogy magadra egy csipetnyi fensőbbséggel tekints. Ha magyar akarsz lenni, akkor meg kell tanulnod azt a viselkedést, amelyet némelyek szertelenül arrogánsnak, rámenősnek és önteltnek ítélhetnek. Azt a viselkedést, amelyet az önsajnálat és duzzogás elhatalmasodó érzése miatti kompenzáció mozgat, amiért a világ ennyire félreért és ilyen kutyául bánik veled. Európai vesszőparipa valóban.

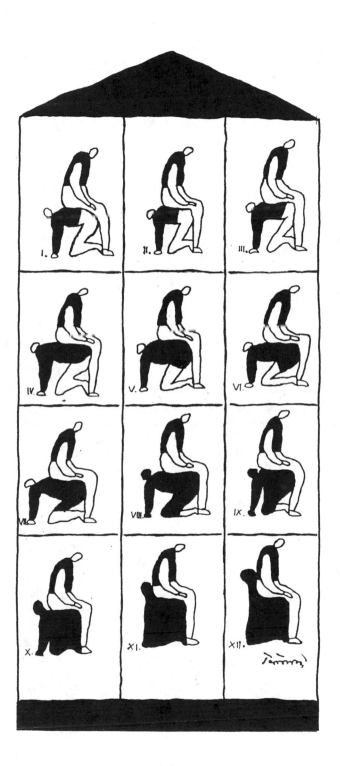

LOVE THY NEIGHBOUR?

Not unlike most peoples in Europe, Hungarians have the truly admirable gift for irritating their neighbours, except they can outdo anyone else by far.

De Gaulle's provocative statements about Quebec rival those of the first postsocialist Hungarian prime minister's comment about being the 'soul' Prime Minister of 15 million Hungarians, rather than the piffling 10 million within Hungary: surely an outstanding bid to improve neighbourly relations?

All in all, to become a Hungarian, you will need to be infected by the widespread disease of seeing yourself as rather superior to other nationalities, in particular those in close geographic proximity.

The business of acquiring the sophisticated systems of prejudice, long-standing hatreds and resentments among countries in central Europe, offers a decent challenge for any neophyte European. However, if you are to be a truly notable European, you would be much better off

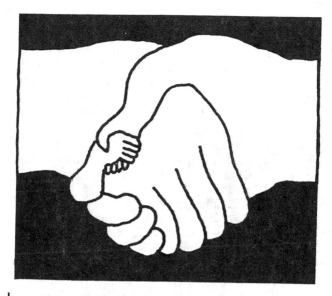

SZERESD SZOMSZÉDAIDAT, MINT FELEBARÁTAIDAT?

A legtöbb európai néphez hasonlatosan a magyarok is meg vannak áldva a szomszéd-bosszantás igazán bámulatra méltó képességével, a különbség csak annyi, hogy ebben mindenkin messze túl tudnak tenni.

De Gaulle Quebecről tett provokatív megjegyzéseivel vetekszik az első posztszocialista magyar miniszterelnök kijelentése, miszerint ő 'lélekben' 15 millió magyar miniszterelnöke, nem pedig csak azé a vacak 10 millióé, akik Magyarország határain belül élnek: igazán egyedülálló kísérlet a jószomszédi viszonyok fejlesztésére, nemde?

Mindent egybevéve, ha magyar akarsz lenni, akkor neked is el kell kapnod azt a széles körben elterjedt fertőző betegséget, hogy magadra más nemzeteknél – kivált a földrajzi közelségben élőknél – felsőbbrendűként tekintesz.

Rendes kihívást jelent minden neofita européer számára, ha egy csapásra el akarja sajátítani a közép-európai országok közötti előítéletek, nagy múltra visszatekintő gyűlölködések és neheztelések

going Hungarian. What a weird, wonderful, unmatched variety of phobias! Forget the petty grudges of, for example, the English against the Welsh (lazy), the Irish (volatile) the Scottish (mean), the French (dirty), the Germans (domineering), the Swiss (plain boring), the Americans (successful) and so forth.

As a Hungarian, your hatred does not need constant and specifically targeted justification: an intensely vague discomfort, or inarticulate ethnocentricity, will suffice. The most a Hungarian might venture to say is that the particular ethnic group in question works, eats, sleeps, or does whatever is being discussed, either too much or too little. And, in any case, they are different from Hungarians, who are, of course, the only valid point of reference.

As a guideline for up-and-coming Euro-Hungarians, a useful starting point is to love thy neighbour as you dearly love your own ethnic minorities. Warmly embrace the Gipsies because they do not work enough; the Germans because they work too much; and the Jews because they exist. Hold close to your heart the Tartars, Turks, Austrians and Russians because they came to Hungary, fancied staying, and did; and the English and the Americans because they did not.

The Turks

If you really want to get down to the nitty-gritty of Hungarian sensitivities, then remember that as far as Hungarians are concerned, historically it is the Turks who take a lot of responsibility for the lamentable lack of awareness of Hungary being the centre of Europe. Since Hungarians see themselves as the heroic defenders of Europe against the invading Turks, thus demonstrating their membership credentials at the very foundation of European identity, it's little wonder they so much begrudge the big ado about Hungary's admission to the European Community.

szövevényes rendszerét. Ám ha valóban jelentős európéer akarsz lenni, akkor jársz a legjobban, ha követed a magyar módit. Micsoda bizarr, ragyogó, utánozhatatlan választéka a fóbiáknak! Felejtsd el mondjuk az angolok kicsinyes zsémbelődését a welsziek (lusták), az írek (robbanékonyak), a skótok (zsugoriak), a franciák (piszkosak), a németek (erőszakosak), a svájciak (dög unalmasak), az amerikaiak (sikeresek) stb. ellen.

Magyarként gyűlöletednek nincs szüksége folyamatos és meghatározott célra irányuló igazolásra· áthatóan bizonytalan rossz érzés vagy artikulálatlan etnocentrizmus is megteszi. A legmesszebb, ameddig egy magyar elmerészkedik, annak megállapítása, hogy a kérdéses etnikai csoport túl sokat vagy túl keveset dolgozik, eszik, alszik, vagy tesz bármit, amiről éppen szó van. És egyébként is, mások mint a magyarok, akiken kívül más vonatkoztatási pont márpedig nincs.

Mint feltörekvő euró-magyar, kiindulásként hasznos lehet, ha ragaszkodsz ahhoz a vezérfonalhoz, hogy úgy szereted szomszédaidat, mint felebarát nemzeti kisebbségeidet. Öleld kebledre a cigányokat, mert nem dolgoznak eleget, a németeket, mert túl sokat dolgoznak, és a zsidókat, mert léteznek. Szívedben őrizd a tatárokat, a törököket, az osztrákokat és az oroszokat, mert bejöttek Magyarországra és kedvük szottyant itt maradni; és az angolokat meg az amerikaiakat, mert ők meg nem jöttek és nem maradtak.

A törökök

Ha valóban ki akarsz igazodni a magyar érzékenységek berkeiben, ne feledd, hogy a magyarok szerint történelmileg jórészt a törökökre hárul a felelősség amiatt, hogy a világ fájdalmasan nincs tudatában: Magyarország Európa közepe. Mivel a magyarok úgy tekintenek magukra, mint akik hősiesen megvédelmezték Európát a török invázió ellen, s ezzel már magánál az európai identitás megalapozásánál nyilvánvalóvá tették tagságra jogosító érdemeiket, nem csoda, ha oly rosszallóan fogadják azt a sok hűhót, amelyet Magyarországnak az Európai Közösségbe történő felvétele körül csapnak.

The days, to be brutally frank decades, of Austro-Hungarian Empire, and preceding periods of straightforward Austrian rule, are distant enough for Hungarians to be able to afford some bitter-sweet nostalgia, albeit tinged with resentment.

Yet the Habsburgs used to be silly enough to provoke the Hungarians by imposing German as an official language, as, for example, Emperor Joseph II tried to do in 1784. This certainly did not go down too well in Hungary, a budding nation with already a powerful hang-up about survival and language. "The nation survives through its language", is a saying which still has great clout in Hungary.

Deep down, as a Euro-Hungarian, you will come to know full well that you are smarter and much more fun than your northerly neighbours who speak funny German. Unfair as it is, Hungarians have also come to terms with the fact that Austria picked the Jolly Joker card by sheer virtue of being geographically a wee bit further west of the centre of Europe, i.e. Hungary.

Since Hungarians got 'prime choice' of the various waves of gate-crashing guests – Tartars, Turks and Russians – it is only understandable if Austrians resent being unfairly deprived of the unpredictable excitement and 'character building' Hungarians experienced over the centuries.

Times have changed and tables have been turned. Austrians are now seen as partners by Hungarians, albeit out of pragmatism rather than heartfelt admiration. The "We shall not give an inch from the 48!" (i.e. no compromise is possible on the demands of the 1848 Revolution) attitude towards Austrians has much mellowed. (Note however that being mellow is not necessarily characteristic of Hungarians in most other aspects of life – compromise is a despised concept traditionally for many.)

This mellowing-cum-nostalgia towards the Austrians has been taken by a few Hungarians to Royalist proportions. However fantasising about

Az osztrákok

Az Osztrák–Magyar Monarchia napjai, avagy, ha kegyetlenül őszinték akarunk lenni, évtizedei, illetve az előző korszak teketóriamentes osztrák kormányzása elég távoliak ahhoz, hogy a magyarok megengedhessenek maguknak némi keserédes, ámde neheztelésbe tunkolt nosztalgiát.

A Habsburgok azonban elég bugyuta módon azzal szokták volt hergelni a magyarokat, hogy hivatalos nyelvként rájuk erőltetik a németet, ahogyan azzal II. József császár próbálkozott 1784-ben. Ezt bizony nem fogadták valami kitörő örömmel a magyarok, egy bimbózóban lévő nemzet, amelynek már amúgy is jól fejlett gátlásai voltak a túlélést és a nyelvet illetően. „Nyelvében él a nemzet" – ez a mondás még mindig hatalmában tartja a magyar lelket.

Euró-magyarként a lelked mélyén természetesen nagyon is jól tudod, hogy belevalóbb és jópofább vagy, mint északi szomszédaid, akik valami fura németet beszélnek. A magyarok azzal is megbékültek, legyen bármilyen méltánytalan, hogy a mázlista osztrákok azzal a vitathatatlan érdemükkel ütötték meg a főnyereményt, hogy földrajzilag egy hangyányival nyugatabbra fekszenek Európa közepétől, azaz Magyarországtól.

Mivel a magyarok a bepofátlankodó vendégek – a tatárok, törökök és oroszok – jobbnál-jobb eresztései közül válogathattak, nyilván érthető, ha az osztrákok neheztelnek amiatt, hogy méltánytalanul meg lettek fosztva a 'jellemformáló' és kiszámíthatatlan izgalmak élményétől, amelyekben a magyarok az évszázadok során részesültek.

Az idők megváltoztak és fordult a kocka. Az osztrákokat manapság a magyarok partnereknek tekintik, jóllehet inkább pragmatizmusból, semmint őszinte nagyrabecsülésből. A „Jottányit sem engedünk a 48-ból!" (azaz nem lehetséges kompromisszum az 1848-as forradalom követeléseit illetően) magyar hozzáállása az osztrákokhoz sokat csendesedett. (Megjegyzendő azonban, hogy higgadtnak mutatkozni nem feltétlenül jellemző a magyarokra az élet legtöbb területén – a kompromisszum sokak számára hagyományosan valami lenézett fogalom errefelé.)

inviting Otto Habsburg to be King, or at the very least President of Hungary, is something dismissed as ridiculous by many. (Interestingly, Otto Habsburg, who speaks Hungarian rather than expecting Hungarians to speak German, and takes an active interest in all matters Hungarian, surfaced as one of the more charming political stars in Hungary's nascent democracy.)

Transylvania

As earlier indicated, Transylvania is a particularly sensitive issue in the Hungarian psyche, its roots going back hundreds and hundreds of years.

To have even an inkling of what this special relationship is about, you will need to know a few things about Transylvania more than it being the homeland of Count Dracula. Some will have also heard about its majestic landscape with ancient villages and rich natural resources.

But for Hungarians it is a primary repository of old Hungarian culture, a onetime significant part of Hungary. And, perhaps more importantly, about one-third of the Transylvanian population is ethnic Hungarian.

The landmarks of Transylvania are found in what Hungarians eat (eg Kolozsvár Layered Cabbage), in street names, in many folk songs and dances, in Hungarian history and literature, and in the music of Bartók and Kodály.

Beware: the Hungarian-Transylvanian special relationship can be a considerably emotive subject for Hungarians, even though individual feelings may vary.

You are well-advised, therefore, to proceed with a generous amount of empathy and sensitivity.

The Ex-USSR

The tenuous relationship with the ex-USSR was formally terminated after a mere forty odd years, when Russian troops finally left Hungary in June 1991 – something of a surprise to those who

Ezt az osztrákok iránti, lehiggadt nosztalgiázást néhány magyar rojalista méretekig vitte. Ám képzelgésüket, hogy meghívják Habsburg Ottót királynak, vagy legalábbis köztársasági elnöknek, nevetséges elgondolásként utasították el sokan. (Érdekes, hogy Habsburg Ottó, aki maga beszél magyarul – ahelyett, hogy a magyaroktól várná, hogy németül beszéljenek – és élénken érdeklődik a magyar ügyek iránt, még a bájosabb politikai csillagok közül való a derengő magyar demokrácia égboltján.)

Erdély

Amint arról már volt szó, Erdély kiváltképpen érzékeny pontja a magyar léleknek; a probléma gyökerei évszázadokra nyúlnak vissza.

Ahhoz, hogy valami halvány sejtésed legyen ennek a különleges viszonynak a mibenlétéről, többet kell tudnod Erdélyről, minthogy az Dracula gróf szülőföldje. Némelyek talán már fenséges tájairól, ősi falvairól és gazdag természeti erőforrásairól is hallottak.

A magyarok számára azonban Erdély, amely egykor Magyarország fontos része volt, a régi magyar kultúra becses tárháza. És ami talán még fontosabb, az erdélyi népességnek körülbelül az egyharmada magyar.

Erdély ismertetőjegyei ott vannak a magyar ételekben (vö.: kolozsvári töltött káposzta), az utcanevekben, sok népdalban és néptáncban, a magyar történelemben és kultúrában, valamint Bartók és Kodály zenéjében.

Vigyázat: a magyar–erdélyi különleges viszony érzelmileg meglehetősen telített témának bizonyulhat a magyarok számára, bár egyénenként ez különbözhet.

Ezért jól teszed, ha ezen a terepen jókora mennyiségű empátiával és odafigyeléssel forgolódsz.

A volt SZU

A volt Szovjetunióhoz fűződő finom viszonynak puszta negyvenegynéhány esztendő után szakadt vége hivatalosan, amikor az orosz csapatok végül kimentek Magyarországról 1991 júniusában – némi megrökönyödésére azoknak, akik arra számítottak,

assumed that this sojourn, like the gracious visit by the Turks, would last around 150 years.

However, others considered the efforts to foster this special relationship a hopeless exercise from the beginning. Attempts to ruin her economy, and interference with her political system are not taken too kindly by Hungarians, but it is the imposition on their language and culture which provokes them the most.

It was a decidedly low feasibility project trying to uproot Hungarians from their European traditions and relocating them within the Asian cultural hemisphere. Originally, they may have come from behind the Urals, or even further away, but Hungarians have come to view their origins with some geographical, historical, and psychological distance after a thousand years of hard-earned survival in central Europe.

Some of the more fun results of this lopsided affair can be viewed in the Sculpture Park in Budapest, the ghetto of 'socialist' art, where sculptures from public places were relegated to after the downfall of communism, partly to protect them from being knocked down, and partly to be able to view them together as a special gallery of days gone by.

hogy ez a vendégség, akárcsak a törökök kegyes látogatása, legalább 150 évig fog tartani.

Mások viszont kezdettől fogva reménytelen ügynek tekintették e különleges viszony istápolására tett erőfeszítéseket. A magyarok azt sem nagyon díjazzák, ha megpróbálják szétrombolni gazdaságukat, megkísérelnek beavatkozni politikai rendszerükbe, de nyelvük és kultúrájuk megerőszakolását tűrik aztán a legkevésbé.

Eleve kicsi volt a valószínűsége annak, hogy sikerülni fog a magyarokat tervszerűen elvágni európai hagyományaiktól és áttolni őket az ázsiai kultúrkörbe. Eredetileg persze az Urálon túlról, vagy még messzebbről jöttek, de ma már, ezeréves, keményen kiküzdött közép-európai fennállás után a magyarok eredetükre némi földrajzi, történelmi és pszichológiai távolságtartással tekintenek.

E féloldalas viszony mulatságosabb produktumai megtekinthetőek a budapesti Szoborparkban, a 'szocialista' művészet gettójában, ahová a kommunizmus bukása után száműzték a köztéri szobrokat, részben, hogy megvédjék őket a ledöntéstől, részben pedig, hogy együtt legyenek láthatóak, mint egy letűnt korszak különleges maradványtára.

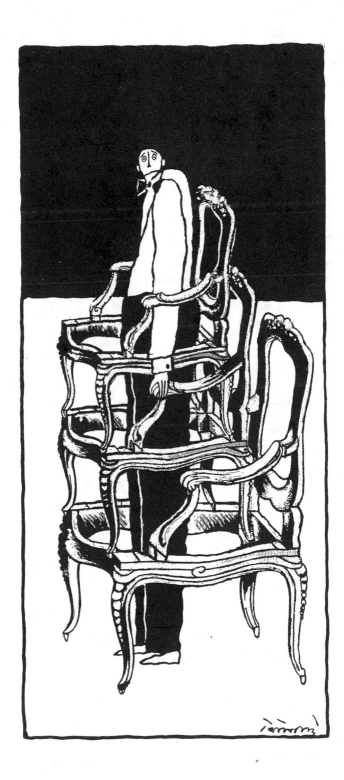

SELF-IMAGE

Unless they are fully satisfied with the breadth and depth of your awareness about the Hungarian genius, Hungarians will be eager to point out to you that when appreciation of talent is not language dependent, as with their literature (see more under Literary Cornucopia), Hungarian genius abounds and graces the world.

Talented in Music

You can do considerable damage to yourself if, in your effort to demonstrate an impressive knowledge of Hungarian talent in music, you are ignorant enough to refer to Liszt and Lehár as Franz, rather than Ferenc, to Reiner as Fritz rather than Frigyes, Dohnányi as Ernest rather than Ernő, to Ligeti, Kurtág, and Solti as George rather than György, and so on.

Hungarians have a straightforward view of consistency: if Mozart could retain his 'proper' first names, then so should Hungarian musicians, as is the case with Bartók and Kodály. This insistence has less to do with pride in national

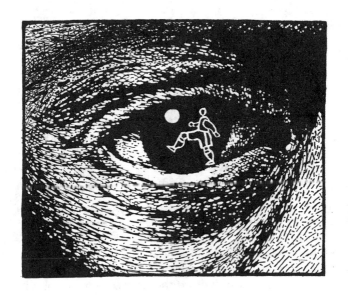

ÖNHIT

Hacsak nincsenek teljességgel megelégedve a magyar géniuszra vonatkozó tudásod szélességével és mélységével, a magyarok szenvedélyes lendülettel fogják kimutatni, hogy amikor a tehetség értékelése nem a nyelvtől függ, mint irodalmuk esetében (lásd erről bővebben az Irodalmi bőségszaru címszó alatt), akkor a magyar géniusz bőségben tobzódik és ékesíti a világot.

Talentumok a zenében

Komoly károkat okozhatsz magadnak, ha abbeli igyekezetedben, hogy bemutasd a magyar zenei talentumokra vonatkozó ismereteidet, Lisztet és Lehárt – eléggé el nem ítélhető módon – Franz-nak titulálod Ferenc helyett, Reinert Fritz-nek Frigyes helyett, Dohnányit Ernest-nek Ernő, Ligetit, Kurtágot és Soltit pedig George-nak György helyett stb.

A magyaroknak pofonegyszerű elképzeléseik vannak a következetességről: ha Mozartnak megmaradhattak a 'rendes' keresztnevei, akkor ez a magyar zeneszerzőknek is kijár, mint ahogy például Bartók és Kodály esetében így is van. Hogy ehhez ennyire ragaszkodnak, az nem annyira nemzeti büszkeségből

identity and much more with the euphoric satisfaction generated by the irrepressible giggling of Hungarians when you make a series of attempts to pronounce Hungarian names.

Never mind that Liszt, for example, did not speak a word of Hungarian. Just remember that to Hungarians, once a Hungarian, always a Hungarian. In any case, he was born in Hungary and founded the present Academy of Music in his own flat – not to mention his music which speaks clearly enough, does it not?

Talented in Sport

Hungarians truly wish the world at large would finally recognize their striking eminence in sports.

Football is considered an indigenous Hungarian sport, and before the English would claim it otherwise, they should swiftly recall Puskás and the famous match in 1953 when the Hungarian team beat the English 6 – 3 at Wembley Stadium. This may seem irrelevant today, but with the Hungarian fixation on history, it is a well-preserved memory, one regurgitated ad nauseam by Hungarian braggers and English masochists alike. Naturally, other momentous events of that year, such as Queen Elizabeth's coronation and Hillary and Tenzing's conquest of Everest, pale in significance compared with the ignominy of England's first ever defeat at Wembley.

Just to rub it in, a year later, in the rematch in Budapest, the Hungarians won even more convincingly, 7 – 1. (English readers, did you know that?) However, magnanimous as they are in victory (infrequent as it is), and as an example of their concern to protect the vulnerable English ego, Hungarians will rarely ever refer to this second massacre.

Having been the number one country in football in the 1952, 1964 and 1968 Olympics, Hungary has currently managed to achieve a prestigious 48th standing or thereabouts in the world rankings. This is a considerable accomplishment, one which generates wide-ranging discussion in the Hungarian media about possible scapegoats

fakad, mint inkább az ellenállhatatlan kuncogás kiváltotta eufóriás jó érzésükből, amikor többszöri kísérletet teszel a magyar nevek kiejtésére.

Sose törődj vele, hogy Liszt például egyetlen szót sem beszélt magyarul. Csak arra gondolj, hogy a magyaroknak, ha valaki egyszer magyar, akkor mindig az. Egyébként is, Magyarországon született és saját lakásán alapította meg a mai Zeneakadémia elődjét – nem is szólva zenéjéről, amely önmagáért beszél, nemde?

Talentumok a sportban

A magyarok rettenetesen szeretnék, ha a nagyvilág végre-valahára elismerné kiemelkedő nagyságukat a sportban.

A focit nemzeti sportnak tartják, s még mielőtt ez ellen az angolok szót emelnének, sürgősen fel kell időzniük Puskást és a híres 1953-as meccset, amikor a magyar csapat 6:3-ra verte az angolokat a Wembley-ben. Ma már mindez jelentőség nélkülinek tűnhet, ám a magyarok történelemre rögzült tudatában ez féltve őrzött emlék, amelyen magyar hetvenkedők és angol mazochisták egyaránt émelygésig szoktak kérődzni. Természetesen az adott év más fontosabb eseményei, mint például II. Erzsébet megkoronázása, vagy hogy Hillarynak és Tenzingnek sikerült meghódítania a Mount Everestet, eltörpülnek jelentőségben az angolok Wembley-ben elszenvedett első megszégyenítő veresége mellett.

Csak hogy még jobban bedörgöljék, az egy évvel rá sorra kerülő budapesti visszavágón a magyarok még biztosabban, 7:1-re nyertek. (Angol olvasó, tudtad ezt?) A magyarok azonban, lévén nagylelkűek a győzelemben (bármilyen ritka legyen is) és hogy megmutassák, hogy nem akarják megsérteni az érzékeny angol lelket, szinte soha nem említik ezt a második mészárlást.

Miután 1952-ben, 1964-ben és 1968-ban elsők lettek fociban az olimpián, jelenleg a magyar válogatottnak sikerült kiverekednie a tekintélyes, 48. körüli helyet a világranglistán. Meglehetős vívmány, amely széles körű vitákat gerjeszt a magyar sajtóban arról, hogy kit is lehetne bűnbakká tenni a dolgok e

for the present glorious state of affairs. A steady flow of trainers come and go, including the semi-mythical figure Puskás, who persevered for as long as two months! One thing, however, Hungarians will not do, is to reconsider their obsessive belief that they are destined (ultimately) to be number one in world football.

In line with Hungarian versatility in general, they make their mark in a great variety of sports, mental and physical alike. Who but three Hungarians, the young Polgár girls, could become 'la crème de la crème' of the chess world?

And then there is the Hungarian contribution to that great parade of sporting talents, the Olympics. To back up their argument, Hungarians boast a long list of gold, silver and bronze medal winners. They will point out to you just how tiny their population is compared with other countries which win the most medals, not to speak of the dire shortage of funds to support sports in Hungary. Then, moved to tears, they demonstrate how, out of the 150 plus participating countries, Hungarians have consistently been in the top 10 nations with the highest number of Olympic medals over the years. They show particular eminence in fencing, wrestling, pentathlon, swimming, and canoeing, all of which provides convincing evidence of how successful Hungarians have been in sublimating their roaming, rambling and raiding skills from their Great Migration period.

Hungarian excellence at international competitions illustrates, for them at least, the exceptional Hungarian talent in sports, even though the majority of the population does not do any sports whatsoever. That is all together a different matter. In any case, it only strengthens their argument: what if all these Hungarians unexpectedly launched themselves into some daily exercise? Now, that would be quite unfair. There would obviously be no medals left for anyone else.

dicsőséges állásáért. Edzők jönnek és mennek, Puskás szinte mitikus alakját is beleértve, aki egészen két hónapig bírta! Egyre azonban a magyarok nem hajlandóak: felülvizsgálni rendületlen hitüket, hogy a fociban (végül is) rendeltetésszerűen világelsőknek kell lenniük.

A rájuk általában is jellemző sokoldalúsággal egybehangzóan a magyarok a szellemi és fizikai sportok rendkívül széles választékában bizonyítják kiválóságukat. Ki lenne más, mint három magyar, a fiatal Polgár-lányok a sakkvilág 'la crème de la crème'-je (színe-virága)?

És itt van azután a magyarok tündöklése a sporttalentumok nagy parádéján, az olimpián. Érvelésüket alátámasztandó, kérkedve sorolják arany-, ezüst- és bronzérmeseik hosszadalmas listáját. Fel fogják hívni a figyelmedet, hogy népességük mennyire pirinyó a többi olyan országhoz képest, amelyek a legtöbb érmet nyerik, nem is beszélve arról, hogy mennyire siralmasan kicsiny a sportra fordítható anyagi támogatás Magyarországon. Majd, könnyes meghatottsággal küszködve, rámutatnak, hogy a több mint százötven résztvevő ország között Magyarország a kezdetektől folyamatosan benne van az első tízben, ami az olimpiai érmek összesített számát illeti. A magyarok különösen kitűnnek a vívásban, birkózásban, öttusában, úszásban és kajakozásban, ami napnál világosabban bizonyítja, hogy milyen sikeresen szublimálták a Nagy Népvándorlás idejéből származó vándorló, kalandozó és portyázó készségeiket.

A nemzetközi versenyeken elért kimagasló teljesítmény kellően példázza, legalábbis a magyarok szemében, hogy mennyire kivételesen tehetségesek a sportban, jóllehet a lakosság többsége egyáltalán nem sportol. Ez azonban teljességgel más kérdés. Különben is, csak érvelésüket erősíti: mi történne, ha ezek a magyarok is váratlanul napi rendszeres sportolásra adnák a fejüket? Hát az bizony egyáltalán nem lenne méltányos. Hiszen akkor a többieknek egy érem se jutna az olimpián.

Talented in Science

But should you care neither for music nor sports, Hungarians will still not abandon the hope of redeeming you from your blissful ignorance of Hungarian genius. Aspiring Euro-Hungarian, beware! Hungarians will immediately buttonhole you, and there is no escape until you fully recognise the astounding preponderance of scientists of Hungarian extraction.

Ah.. so you take Vitamin C everyday, do you? Who else but a Hungarian, Albert Szent-györgyi, got a Nobel Prize for his work on that.

What do you write with? A biro? It is named after its Hungarian inventor, László Biró.

Has Rubik's Cube driven you sufficiently crazy? Thank the Hungarian, Ernő Rubik for that.

Do you fancy holographic badges, games and art? Naturally, the Nobel Prize winner for that was Hungarian, Dénes Gábor.

Do you use a computer? Or game theory in economics? János Neumann, a Hungarian mathematician, was closely involved in the development of these.

And the controversial, but pivotal, research on nuclear energy and the Atom-bomb? More Hungarians: Ede Teller, Jenő Wigner, Leó Szilárd.

And the list goes on.

What Hungarians happily ignore is that a lot of these outstanding scientists and inventors they are so exuberantly proud of, became famous abroad and not, with the exception of Rubik, in their native land. Szent-györgyi did get his Nobel Prize in Hungary, but he too continued his work overseas.

Talentumok a tudományban

De ha történetesen sem a zene, sem a sport nem érdekel, a magyarok akkor sem hagynak fel azzal a reménnyel, hogy megváltsanak a magyar géniuszt illető üdvözült tudatlanságodtól. Feltörekvő eurómagyar, vigyázz! A magyarok azon nyomban üstökön ragadnak, s addig nem eresztenek, amíg a legteljesebb mértékben tudatára nem ébredsz annak, hogy milyen elképesztően elburjánoztak a magyar származású tudósok a nagyvilágban.

Á, szóval naponta szeded a C vitamint, ugye? Ki más, mint egy magyar, Szent-györgyi Albert kapott érte Nobel-díjat.

Mivel írsz? Golyóstollal? Angol nevét (biro) magyar feltalálója, Bíró László után kapta.

Kellőképpen falnak mégy már a Rubik-kockától? Köszönd a magyar Rubik Ernőnek.

Szereted a holografikus jelvényeket, játékokat és művészetet? A Nobel-díjat ezért természetesen egy magyar, Gábor Dénes kapta.

Használsz számítógépet? Vagy alkalmazod a játékelméletet a közgazdaságban? Neumann János magyar matematikus alapvető szerepet játszott ezek kifejlesztésében.

És a vitatott, de kulcsfontosságú kutatások a nukleáris energia és az atombomba terén? További magyarok: Teller Ede, Wigner Jenő, Szilárd Leó.

És a listának se vége, se hossza.

Amiről a magyarok szeretnek elfeledkezni, az az, hogy sokan e kiemelkedő tudósok és feltalálók közül, akikre most oly túláradóan büszkék, külföldön és nem szülőhazájukban lettek híresek, Rubik kivételével. Szent-györgyi Magyarországon kapta meg a Nobel-díjat, de aztán ő is külföldön folytatta munkáját.

TRAITS

Bouncing back

Having remained stuck in arguably the busiest international cross-roads for most of their past, Hungarians have a disturbingly acute sense of history. As a result of having managed to survive their history so far, they are highly adaptable and extremely adept at preserving a distinct undercurrent to the various dominant cultures which come and go – Hungarians' revenge is to cheekily resurface and assert their identity again and again.

Navel-gazing

The efficiency of these invaluable characteristics is somewhat undermined by Hungarians' fatal attraction to navel-gazing. They will endlessly probe their history, which may have been dramatically heroic but certainly not cheerful. Inevitably, indulgence in self-pity and melancholy will follow.

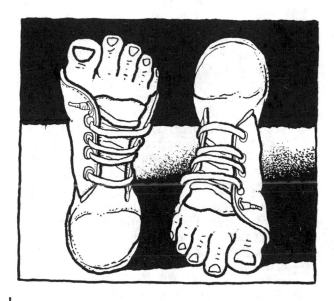

JELLEMVONÁSOK

Keljfeljancsi

Miután múltjuk legnagyobb részében ottrekedtek a népek vélhetőleg legforgalmasabb országútján, a magyaroknak aggasztóan kifinomult a történelemérzékük. S minthogy mind ez idáig sikerült átvészelni történelmüket, rendkívül alkalmazkodók és kiválóan alkalmasak arra, hogy a jövő-menő uralkodó kultúráktól függetlenül megőrizzenek egy külön rejtett áramlatot, – a magyarok revánsa újra és újra pimaszul talpra állni, mint egy keljfeljancsi és megerősíteni identitásukat.

Köldöknézés

E felbecsülhetetlen értékű jellemvonás hatékonyságát némileg aláássa a magyarok végzetes vonzódása a köldöknézéshez. Vég nélkül képesek turkálni történelmükben, amely lehetett ugyan drámaian hősies, de hogy vidám nem volt, az biztos. Ezt követően elkerülhetetlen a kéjes elmerülés az önsajnálatban és a melankóliában.

Maudlin Merry-making

Traditionally, some fine Hungarian wine triggers off, rather sooner than later, the great Hungarian behavioural paradox epitomized by the saying: "Hungarian merry-making is a tearful affair". They even have an expression for this unique Hungarian trait, 'sírva vigadás', which, to outsiders, seems just a wee bit weird: 'the dramatic shedding of tears in the midst of merrymaking'.

'Sírva vigadás' is, however, most appropriate and understandable in the light of behaviour mellowed by sacred spirits. The Hungarian id, in particular when fired up by Bull's Blood (see under Drinking), may be demonstratively woe-stricken and resentful. Nonetheless, the amazingly go-ahead ego, bubbling with irrepressible energy, is never too far away. Hungarians have a knack for surprising the world with yet another resurgence of vitality at the most unlikely times.

Sírva vigadás

Hagyományosan, némi jófajta magyar bor elfogyasztása, inkább előbb, mint utóbb berobbantja a következő mondásban kifejeződő nagy magyar viselkedési paradoxont: „Sírva vigad a magyar!" Még külön kifejezésük is van erre az egyedülálló magyar jellemvonásra, a 'sírva vigadás', ami a kívülállók számára egy egész csöppet furcsának tűnhet: 'drámai könnyhullajtás vígalom közepette'.

A 'sírva vigadás' azonban igen helyénvaló és érthető a szent spirituszok által megérlelt viselkedés fényében. A magyar lélek, kivált ha Bikavér tüzeli (lásd az Ivás címszó alatt) demonstratíve megtépázottnak és keserűnek adhatja elő magát. Ám a bámulatosan lendületes, elnyűhetetlen energiáktól duzzadó egó soha nem rejtőzik túl mélyen. A magyarok értik a csínját-bínját, hogy miként lepjék meg a világot a legváratlanabb pillanatokban már megint egy újabb, életerős újjászületéssel.

BEHAVIOUR

Argumentative – or Simply Assertive?

Hungarians may often appear to act in an arrogant rather than assertive way, a flaunting of national pride. This may seem a bit odd in the light of popular perception of their performance in history: they have hardly been the best goal scorers, right? Wrong.

First of all there have been times, as in the period of King Lewis the Great or the renaissance court of King Matthias Corvinus, when Vienna, for example, was part of the Hungary which they still feel they can take pride in by any standard. Secondly, as suggested before, their mannerisms may be a kind of transformation of their sense of self-pity at having been so misperceived by the rest of the world for the most part of their history.

Verbal Warfare

One Hungarian will suffice abundantly to pick an argument. With no one else in sight, he will be

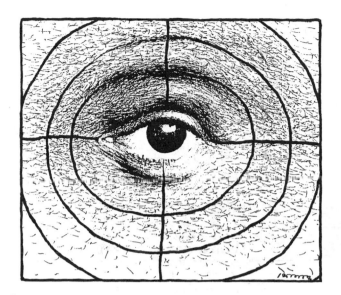

VISELKEDÉS

Kötözködő – vagy egyszerűen csak határozott?

A magyarok viselkedése sokszor nemzetien melldöngetőnek, arrogánsnak, mintsem határozottnak látszik. Ez egy csöppet furcsának tűnhet történelmi teljesítményük általánosan elfogadott megítélése fényében: aligha ők voltak a legjobb góllövők, nem igaz? Nem bizony.

Először is, akadtak idők, például Nagy Lajos király vagy Corvin Mátyás reneszánsz udvarának kora, amikor Bécs például Magyarországhoz tartozott, s a magyarok úgy érzik, hogy erre, akárhogy nézzük is, máig büszkék lehetnek. Másodszor, amint arról már volt szó, ilyetén allűrjeik fakadhatnak az afölött érzett önsajnálatból, hogy történelmük jelentős részében a világ mennyire félreértette őket.

Verbális hadviselés

Egyetlen magyar már bőven elég ahhoz, hogy kötözködni kezdjen. Ha senki más nincs

happy to do a round with himself. Two Hungarians, and the argument will really go wild. Get a group of them together, and all you have is chaotic interruptions parading as discussion. They will enjoy it since the aim is not really to engage the content of the conversation, but simply to make sure everyone's own theories and obsessions are aired.

Their style of argument will lead you to believe that they are on the verge of slitting each others' throats; but relax: mostly it is verbal warfare with Hungarian flare. Direct, awe-inspiringly confrontational discourse, with stormy, overlapping turn-takings.

"Whatever is in my heart..."

Hungarians are mostly of the coherent, integrated type: one person will quite happily hold amazingly incompatible views, and argue each with the same passion and conviction. Whatever the view expressed, it will be clean-cut, black or white. The wishy-washy dilly-dallying of the English with their surfeit of expressions like "That could well be so but..." and "I shouldn't necessarily think so..." is greatly mistrusted.

Hedging is not a native Hungarian art form, however brilliant they may be at sitting on the fence. As Hungarians say, often with modest pride in their eyes: "Whatever is in my heart is on my lips!". They may deviate from their ideal of saying what they mean if they deem it instrumental, but would still get annoyed by others doing the same.

"Now, look me in the eye..."

Ongoing eye contact, gazing openly and honestly into the other's eye, is considered imperative, especially for the more manipulative discourses and transactions. Children are brought up with the exhortation of "Now, look me in the eye when I'm speaking to you!". The adult-to-adult version of this is "Now, dare you tell me that into my eye?!".

látótávolságon belül, akkor szívesen száll önmagával vitába. Két magyar között aztán a vita vadul fellángol. Vegyél egy egész csoportot belőlük, s nem kapsz mást vita gyanánt, mint félbeszakított kitörések zűrzavarát. Imádni fogják, hiszen a cél nem az, hogy valóban kapcsolódjanak a beszélgetés témájához, hanem hogy egyszerűen mindenkinek módja legyen szabadjára engedni vesszőparipáit.

A vitastílus nyomán azt hihetnéd, hogy mindjárt elvágják egymást torkát, de nyugi: többnyire csupán verbális hadviselésről van szó, magyar módra. Minden köntörfalazás nélküli, döbbenetesen konfrontálódó vitáról, amelyet egymás viharos letorkollása tarkít.

„Ami a szívemen..."

A magyarok többnyire a következetes, összeszedett típushoz tartoznak: egy valakiben békésen megférhetnek egymással bámulatosan összeegyeztethetetlen nézetek, s ezek mindegyike mellett az illető ugyanazzal a szenvedéllyel és meggyőződéssel fog kiállni. És bármi legyen is a vélemény, kifejtése mindig sarkított, fekete-fehér formában történik. Az angolok tutyi-mutyi, se íze-se bűze piszmogását az olyan köntörfalazó kifejezésekben, mint „Meglehet, ez mind igaz, de..." és „Én nem feltétlenül így látom a dolgot..." a magyarok mélységes gyanakvással kezelik.

A kertelés nem nemzeti művészet a magyaroknál, bármilyen briliánsak legyenek is a kivárásban. Ahogy mondani szokták, gyakran szerény büszkeséggel a szemükben: „Ami a szívemen, a számon!" Eltérhetnek persze ettől az ideáltól, hogy azt mondják, amit gondolnak, ha ezt célszerűnek látják, ám változatlanul bosszantani fogja őket, ha mások teszik ugyanezt.

„Nézz a szemembe..."

A tiszta, nyílt tekintetet hordozó folyamatos szemkontaktust a magyarok elengedhetetlennek tartják, kivált amikor manipulatív szándékú beszélgetéseket vagy ügyleteket bonyolítanak. A gyerekek unos-untalan hallják a szülői intést: „Nézz a szemembe, ha hozzád beszélek!". Ennek felnőttekre szabott verziója: „Na, mondd a szemembe, ha mered!".

MANNERS AND ETIQUETTE

"A Hungarian shall not speak..."

From the boisterous and chaotic arguments amongst Hungarians, it will not be totally self-evident that they traditionally have an image of themselves as the 'strong, silent' type. And yet, paradoxically, silence is not particularly well-tolerated, treated mostly as suspicious and destructive in the long run: in Hungarian, rather than running deep, "still waters wash away the riverbanks".

Then again, Hungarians are not easy to please, since, should you be talkative, you will be told in no uncertain terms that "A lot of talk is watery speech". Meal times are supposed to be particularly sacred. The oft repeated saying "A Hungarian shall not speak while eating", says it all. Since the taboo of speech during meal times is ingrained in children's minds, they have to quickly adjust when they become an adult and realize that meal times are in fact a very

SZOKÁSOK ÉS ILLEM

„Magyar ember evés közben..."

A magyarok szilaj és zűrzavaros vitáiból nem adódik teljes magától értetődőséggel, hogy hagyományosan 'erős, hallgatag' típusnak tartják magukat. Paradox módon azonban a hallgatást nem tűrik valami jól, többnyire gyanúsnak és hosszú távon rombolónak tekintik: magyarul a „lassú víz partot mos", nem pedig mélyáramú (mint az angolban).

De hiszen nem könnyű kedvére tenni a magyaroknak; ha történetesen beszédes vagy, minden teketória nélkül megkaphatod, hogy „Sok beszédnek sok az alja". Az étkezés idejét eszerint kiváltképp nagy szentségben kellene tartani.
A gyakran hangoztatott „Magyar ember evés közben nem beszél" mindent elárul. Minthogy az evés alatti beszéd tabuját bevésik a gyerekek fejébe, gyorsan váltaniuk kell, amikor felnőtt korukban rájönnek, hogy az étkezések ideje valójában rendkívül fontos része a társasági életnek és az ügyek megbeszélésének. A magyarok, mondásuk ellenére,

important part of socializing and discussion. Hungarians, in spite of this saying, often talk profusely while eating; it is only when they prefer others not to, that this saying comes in so handy.

However, talking is not always 'de rigeur' at the table: after a heavy Hungarian meal, people are more likely to fall into a state of stupefied silence than launch into loquacious argument.

"But you must have some more..."

Hungarians take great pride in their legendary hospitality. Adventurous guests must be prepared to endure substantial and exhausting bouts of eating, then feasting, then some more eating, and so it goes on; with boozing between, during and after these blow-outs.

They will expect you to have at least second and third helpings, otherwise they take it as a negative comment on the lovingly prepared food, not to mention a personal insult. You can rest assured that they will not take no, however firmly put, for an answer. Your Hungarian host or hostess will simply be enchanted by your charming modesty and take it on themselves to make sure you are 'properly' fed. "Have some more..." is the phrase persistently imposed on guests, with the frequency of "Pass the salt, please" in England.

Tu, Vous – and More

Hungarians have a highly sophisticated system for keeping and reducing psychological distance, imposing and refusing hierarchy or intimacy. The French may have their 'vous', and Germans their 'Sie', for keeping people at a distance: Hungarians, however, have not one, but two language forms ('Maga' and the more polite 'Ön' for 'Vous') for this purpose, as well as the respective plural versions, of course.

The thorny issue of whose right and responsibility it is to initiate the use of 'Te' (French 'tu', German 'Du') in conversations is a delicate business – it preoccupies and befuddles

gyakran igen bőbeszédűek evés közben; csak ha azt akarják, hogy mások ne tegyék ezt, akkor jön olyan jól a fenti mondás.

A beszéd azonban nem mindig 'de rigeur' (kötelező elvárás) az asztalnál: egy kiadós magyar étel után sokkal valószínűbb, hogy a társaság eltompult hallgatásba süpped, semminthogy élénk csevegésbe vesse magát.

„Dehát vegyen még…"

A magyarok rendkívül büszkék legendás vendégszeretetükre. A vállalkozó szellemű vendégeknek fel kell készülniük arra, hogy az evés, majd a lakmározás, majd a még több evés alapos, kimerítő és véget nem érő rohamait kell átvészelniük; s közben ez a haspukkasztás nagy ivászatokkal van megspékelve.

Elvárják, hogy legalább kétszer vagy háromszor vegyél, különben viselkedésedet az annyi szeretettel elkészített étel kritikájának, s persze személyes sértésnek fogják tekinteni. Megnyugodhatsz benne, hogy a nemet, akármilyen határozott legyen is, nem fogadják el válaszként. Magyar vendéglátód egyszerűen el lesz ragadtatva elbűvölő szerénységedtől, és személyesen fog gondoskodni róla, hogy 'rendesen' meg legyél etetve. „Vegyen még…" ezzel a kifejezéssel tukmálják az ételt a vendégekre, legalább olyan gyakorisággal, mint ahogy az „Ideadná, kérem, a sótartót?" az angoloknál elhangzik.

Te, maga – és a többiek

A magyaroknak rendkívül kifinomult rendszerük van a pszichológiai távolság megtartására, illetve csökkentésére, a hierarchikus, illetve a bensőséges viszony megteremtésére vagy visszautasítására.

A franciáknak ugye megvan a maguk 'vous'-ja, a németeknek a maguk 'Sie'-je a távolságtartó beszédre – a magyaroknak viszont nem egy, de két változat is rendelkezésre áll (a 'Maga' és az udvariasabb 'Ön' a 'Vous' jelentésben) erre a célra, természetesen a megfelelő többes számú alakokkal együtt.

Az az ágas-bogas kérdés, hogy kinek a joga és felelőssége kezdeményezni a 'te' (francia 'tu', német 'du') használatát, vagyis a tegeződést, igen kényes ügy

Hungarians themselves. Don't consider 'Te-ing' anyone unless you are obviously older and/or certain you are of a higher status; or, if worst comes to worst, you happen to be a woman.

All of this gives you an idea of the subtleties of Hungarian thinking and intricacies of social hierarchy.

First Names Second, Second Names First – Where Else?

Similar to Chinese tradition, Hungarian surnames always precede first names. To make life more interesting, a first name can also be a surname. What is more, a male first name can be either a male or female surname; and you will also find men with either female or male first names as their surnames.

To make it a bit less straightforward, Hungarians, being exemplary Europeans, thus conscious of the difference in name sequences abroad, can (but not necessarily will) change the order of their names to accommodate foreigners.

To illustrate the puzzle you may be confronted with: the combination of Dávid and Eszter ('Esther') could indicate either the name of a woman, as in 'Dávid Eszter', or a man, as in 'Eszter Dávid', depending on the order of the names and whether the names are given in the Hungarian sequence or not. So, there you have it. But who said it would be easy?

Greetings and Bodily Contact

'Csókolom' is a Hungarian greeting that will truly entertain the uninitiated. It literally means 'I kiss you', although its original meaning is, 'I kiss your hand'. You must be prepared for this verbal assault on your privacy (adopted by Hungarians from Spanish etiquette via the Viennese court – further demonstration of their conforming to vital European traditions) from two unlikely sections of the population. Children are expected to verbally 'kiss' all adults; and gents, with grey receding

– magukat a magyarokat is foglalkoztatja és összekutyulja. Ne próbálj letegezni senkit, hacsak nem vagy nála nyilvánvalóan idősebb és/vagy magasabb státuszú; vagy, a legrosszabb esetben, hacsak nem vagy történetesen nő.

Mindennek alapján kellő fogalmat alkothatsz magadnak a magyar gondolkodás finomságairól és a társadalmi hierarchia szövevényeiről.

Utónév hátul, vezetéknév elől – hol másutt?

A kínai hagyományhoz hasonlóan a magyar vezetéknév mindig megelőzi az utónevet.

De hogy az élet érdekesebb legyen, az utónév vezetéknév is lehet. Sőt, egy férfi utónév férfi vagy női vezetéknév egyaránt lehet, és találkozhatsz olyan férfiakkal, akiknek férfi vagy női utónév a vezetéknevük.

Hogy a dolog kevésbé legyen egyszerű, a magyarok, lévén példaszerű európaiak, s így tudatában annak, hogy a nevek sorrendje külföldön más, a külföldiek kedvéért megváltoztathatják (noha nem biztos, hogy meg is teszik) nevük sorrendjét.

Annak illusztrálására, hogy milyen rejtvénnyel kerülhetsz szembe: a Dávid és Eszter nevek kombinációja lehet női név, mint a 'Dávid Eszter', de lehet férfi név is, mint 'Eszter Dávid', a nevek sorrendjétől függően, meg attól, hogy a sorrend magyarul van-e vagy sem. Nesze neked olvasó, dehát ez nem fáklyásmenet.

Köszönések és testi érintések

A 'csókolom' igazán szórakoztató magyar köszönés a beavatatlanok számára. Szó szerint annyit tesz 'I kiss you', noha eredetileg azt jelentette: 'csókolom a kezeit'. Fel kell készülnöd, hogy ez a privát szférád elleni szóbeli inzultus (amelyet a magyarok a spanyol etikettből vettek át a bécsi udvaron keresztül – ami csak újabb példája, hogy alkalmazkodnak az életbevágó európai hagyományokhoz) a népesség két olyan rétegéből fog érni, ahonnan nem várnád. A gyerekektől elvárják, hogy szóban minden felnőttet lecsókolomozzanak; továbbá kivált (bár nem kizárólag)

hairline in particular (though not exclusively), will also 'kiss' you if you are 'a respected lady'.

Should you be distracted, or not sufficiently focused, the more earnest may actually grab your hand and plant a passionate kiss on it. You do not have to be a monarch to have your hand kissed in Hungary, which in itself demonstrates the strong democratic traditions of Hungarians.

This hand-kissing business may sound elegantly alluring in theory, but is not necessarily so in practice. You had better make up your mind about this one well in advance: it is definitely not gracious to hastily withdraw your hand when it is just about to receive "the heavenly kiss". Apart from the awkwardness of it all for both parties involved, the Hungarian gentleman affecting this debonair gesture is bound to feel spurned.

The trick is to retract from the handshake, immediately and assertively, if you are determined not to be graced in this charming way. It is really a question of being forewarned and then, as with many things when dealing with Hungarians, the rest is simply a matter of improving your reflexes.

In reality, rather than wasting kisses on hands, Hungarians are much more inclined to plant kisses on, or in the direction of, the cheeks. This is an exuberant and boisterous greeting, practised mostly, but not only, by women. Much sooner than you would expect in your wildest dreams, you may become the hapless recipient of euphoric kisses and bear hugs that render you immobile since they go on forever.

Most women nowadays extend their hand not to be kissed but to exchange handshakes in a vigorous fashion, and make well-considered judgements on your character based on the nature, length and vitality of the shake, together with the temperature and moistness of your hand. A one-off effort to make the right impression will not do. Be warned: you must be able to persistently repeat the image you wish to convey via your handshake, since Hungarians will 'handshake test' you each and every time you meet.

őszes halántékú urak 'csókolom'-jára számíthatsz, ha köztiszteletben álló hölgynek néznek.

Ha elkalandozik a figyelmed, vagy nem koncentrálsz eléggé, megtörténhet, hogy a legodaadóbbak egyszerűen megragadják a kezed és szenvedélyes csókot cuppantanak rá. Nem kell ahhoz uralkodónak lenned, hogy kezet csókoljanak neked Magyarországon, amiben önmagában is megmutatkozik, hogy a magyaroknak milyen erősek a demokratikus hagyományai.

Elméletben ez a kézcsókügy elbűvölően elegánsnak hangozhat, de nem feltétlenül az a gyakorlatban. Jobb, ha jó előre eldöntöd, hogy reagálsz: semmi esetre sem kecses dolog sietve visszahúzni a kezed, amikor már éppen megkapta volna „a mennyei csókot". Attól eltekintve, hogy mindkét felet feszélyezi, a magyar úr, aki ezt a snájdig gesztust teszi, gorombán kikosarazva fogja magát érezni.

A trükkje a dolognak az, hogy a kézfogásból azonnal és határozottan visszahúzod a kezed, ha nem kívánsz megtisztelve lenni ezen az elbájoló módon. Minden lényegében azon múlik, hogy résen légy, s aztán a többi, mint oly sok minden más is, ha magyarokkal akad dolgod, már egyszerűen csak reflexek kérdése.

Valójában persze a magyarok ahelyett, hogy a kezekre pocsékolnák puszijaikat, sokkal szívesebben cuppantanak puszit az arcra, vagy annak irányába. Ezt a túláradó és viharos üdvözlési formát főképp, de nem kizárólag, nők gyakorolják. Sokkal hamarabb, mint ahogy arra legvadabb álmaidban számítottál, gyámoltalan szenvedő alanya lehetsz a heves pusziknak és az örökkévalóságig tartó lapogató öleléseknek, amelyektől sóbálvánnyá merevedsz.

Manapság a nők többnyire nem azért nyújtják ki a kezüket, hogy puszit kapjanak rá, hanem hogy szenvedélyesen kezet rázzanak, és jól megalapozott véleményt alkossanak jellemedről a kézfogás természetére, hosszára és elevenségére, illetve tenyered hőmérsékletére és nedvességére alapozva. Egyszeri erőfeszítés nem elegendő a megfelelő benyomás felkeltésére. Vigyázz: képesnek kell lenned minduntalan megismételni a képet, amelyet magadról kézfogásodon keresztül ki akarsz alakítani, mert a magyarok minden egyes találkozás alkalmával alávetnek a 'kézfogás'-tesztnek.

Hungarian is definitely a tactile (touching) culture, where a stranger doesn't think twice about touching you while giving you directions in the street. The English habit of apologising profusely if they accidentally get inside the two mile intimacy zone of another person, is perceived by Hungarians as more pretentious than polite.

"We've just popped in..."

Hungarians happily ignore common facilities, such as mail and phone, taken for granted by others in communicating with friends. They are quite uninhibited about descending on you, often with a posse of friends, without any warning or previous arrangement. They love to do this particularly on what you thought would be a quiet Sunday afternoon, or an evening engrossed in long overdue work.

Unless you do not mind hurting their extremely delicate feelings, you are supposed to grin and bear, gracefully and without resentment, these unprovoked gestures of friendship and forced intimacy demonstrated at the worst possible time.

Latecomers' Grace

The concept of continuous performances at cinemas is non-existent in Hungary: should you miss the beginning of a film, you cannot catch up with it unless you buy a ticket for the next performance as well. On the other hand, theatrical, musical and most other events, never start on time; and if they do, there must be something seriously wrong. Hungarians generally take the accommodating attitude of being empathic enough to give a maximum of ten minutes grace for latecomers – the vast majority of the audience. The absolute minimum expected is five minutes which is taken for granted by Hungarians and is part of their sense of timing.

As opposed to Germans, for example, who are often regarded as phobic about being on the dot, or the Spanish who seem (enviably) overly-relaxed, the Hungarian solution is outstandingly sensible in its perfect balance of exercising tolerance and good timekeeping at the same time.

A magyar határozottan érintős (tapogatós) kultúra,
amelyben egy idegen nem habozik hozzád érni,
miközben útbaigazít az utcán. Hogy az angolok akkor
is heves mentegetődzésbe kezdenek, ha véletlenül
belül kerülnek egy másik személy kétmérföldes
privátzónáján, ezt a magyarok inkább mesterkéltnek,
semmint udvariasnak tartják.

„Csak beugrottunk..."

A magyarok mit sem törődnek telefonnal, levéllel,
amelyet mások rendesen a barátokkal való szokásos
kapcsolattartás eszközeinek tekintenek. Meglehetősen
gátlástalanul törnek rád, gyakran egy csomó barát
társaságában, előzetes figyelmeztetés vagy
megbeszélés nélkül. Különös előszeretettel művelik ezt
csöndesnek ígérkező vasárnap délutánonként, vagy
régen elmaradt munkának szentelt estéken.

Hacsak nem akarod megsérteni rendkívül finom
érzéseiket, kegyesen és neheztelés nélkül jó képet kell
vágnod a barátságnak és a rád erőszakolt
bensőségességnek ezekhez a lehető legrosszabbkor,
kérés nélkül megnyilvánuló gesztusaihoz.

Kegyes engedmény későn jövőknek

Magyarországon nem ismerik a folyamatos
mozielőadások fogalmát: ha lekésted a film elejét,
nem pótolhatod be, hacsak nem veszel jegyet a
következő előadásra is. Másfelől viszont, a színházi
előadások, musicalek és általában a rendezvények
soha nem kezdődnek pontosan; ha igen, akkor
valami komoly baj van. A magyarok rendszerint
kellőképpen előzékeny és megértő magatartást
tanúsítanak ahhoz, hogy maximum tíz percet
engedélyezzenek a későn jövők – a közönség
túlnyomó többsége – számára. Az elvárható abszolút
minimum öt perc, ezt a magyarok készpénznek
veszik, s időérzékük részét képezi.

A németekkel szemben például, akiket rendszerint az
óraműpontosság megszállottaiként tartanak számon,
vagy a spanyolokkal, akik viszont (irigylésre méltóan)
túl lazának tűnnek, a magyar megoldás rendkívül
ésszerű; egyidejűleg biztosítja a tolerancia és
az idő optimális kihasználásának tökéletes
egyensúlyát.

OBSESSIONS

Ethnic Homogeneity

If there was a category for being the ethnically most varied of small nations with the most obsessive claim for being homogeneous, Hungarians would get into the Guinness Book of Records. It is quite difficult to see how on earth they, as some proudly claim, could have stayed ethnically homogeneous in the middle of the busy traffic-jam their ancestors decided to settle in a thousand years ago.

Having bounced back after the Tartar's uninvited sojourn, but before the next guests, the Turks, called in (in 1526, a date all Hungarians can recite in their sleep), the Magyar population was larger than, possibly even twice the size of England.

Hungarians argue that this foundation for lasting historical success was undermined by the Turks deciding to overstay their enforced hospitality: by the end of their 150-year visit, the Hungarian population dwindled to around one-third its previous size. These Magyars may have been

VESSZŐPARIPÁK

Etnikai homogenitás

Ha volna külön kategória az etnikailag leginkább kevert, ám önmagukat rögeszmésen homogénnek tekintő kisnemzetek számára, akkor a magyarok bekerülnének a Guinness Rekordok Könyvébe. Meglehetősen nehéz belátni, hogy az ördögbe maradhattak volna etnikailag homogének, ahogy közülük egyesek büszkén állítják, abban a forgalmas közlekedési dugóban, ahol őseik ezer éve úgy döntöttek, hogy letelepednek.

Miután kiheverték a tatárok hívatlan vendégeskedését, de még mielőtt a következő látogatók, a törökök bekopogtattak volna (1526-ban; ezt a dátumot minden magyar álmában is képes felmondani), a magyar népesség nagyobb volt, mégpedig meglehet kétszer akkora, mint a korabeli Anglia lakossága.

A magyarok úgy vélik, hogy a tartós történelmi sikereknek ezt az alapzatát a törökök ásták alá, amikor úgy döntöttek, hogy alaposan visszaélnek a magyarok kierőszakolt vendégszeretetével: a százötven éves vendégeskedés végére a magyar népesség mintegy egyharmadára zsugorodott. Ezek a

homogeneous (though this is unlikely) but by the time the Turks pulled up their tent pegs and left, they were certainly few in number. So the new guests – the Habsburgs – decided to add some population here and there, mixed and stirred it, and some cynics argue, the innovative concoction they cooked-up has busted Central-Eastern Europe beautifully ever since.

Sharing a common language and, via the language, its literature and sense of history, would fulfil the criteria of homogeneity for some other nations.

Not so for Hungarian purists. Their attitude demonstrates the old truism that the shakier the ground of an argument – here the obsessive claim to an ethnically homogeneous nation – the more forcefully and manicly some will argue the case.

But no one can blame Hungarians for rigidity and lack of reasonable compromise. They will flaunt accomplishments in culture and science as Hungarian per se, regardless of the 'dubious' ethnicity of the Hungarian who achieved whatever it is they take so much pride in.

Sándor Petőfi, a major poet and national hero, is a case in point. His father, Petrovics, was of Slovak extraction, and his mother spoke Hungarian with difficulty, not to mention a heavy accent. Attila József, another Hungarian literary icon (for many the greatest of all), described himself as of Cumanian origin on his mother's side, and a mix of Székely (Transylvanian Hungarian) and Romanian on his father's.

Contributions to internationally renowned Hungarian achievements are most welcome from any background, whether Croatian, French, Italian, Jewish, Swabian/German, Slovak, Sloven, Serbian, Slav, Romany, Romanian or what have you. Having said that, some Hungarians will turn around with remarkable intellectual dexterity, and try to impress upon you the homogeneity argument.

magyarok esetleg homogének lehettek (bár ez is kevéssé valószínű), mindenesetre arra az időre, amikor a törökök végre szedték a sátorfájukat és elmentek, igen kevesen maradtak. Az új vendégek tehát – a Habsburgok – úgy döntöttek, hogy hozzáadnak egy kevés népességet itt, egy keveset ott, keverték kavarták, és azóta is – legalábbis egyes cinikusok szerint – ettől a vad(onatúj) kotyvaléktól kódul egész Kelet-Közép-Európa.

Bizonyos nemzetek számára a homogenitás feltételét kielégítené a közös nyelv és a nyelven keresztül a közös irodalom és történelemtudat.

Nem így vannak ezzel a magyar puristák. Magatartásuk annak az ősrégi közhelynek az igazát bizonyítja, hogy minél ingatagabbak egy álláspont alapjai – esetünkben az etnikailag homogén nemzet rögeszméje – annál erőszakosabban és mániákusabban fogják azt egyesek képviselni.

De senki nem kárhoztathatja a magyarokat azért, hogy merevek lennének, vagy hiányozna belőlük az ésszerű kompromisszumkészség. Echte-tősgyökeres magyarként fogják kérkedve mutogatni a kulturális és tudományos vívmányokat, függetlenül annak a személynek 'kétes' származásától, aki elérte az éppen oly jogos büszkeségre okot adó teljesítményt.

Petőfi Sándor, a magyarok egyik kiemelkedő nemzeti hőse és költője jó példa erre. Apja, Petrovics szlovák származású volt, anyja pedig erős akcentussal, törve beszélte a magyart. József Attila, egy másik magyar irodalmi nagyság (sokak számára a legnagyobb), így írt magáról: „Anyám kún volt, az apám félig székely, // félig román, vagy tán egészen az." (A Dunánál).

A nemzetközi magyar sikereket diadalmasan nyugtázzák, bármilyen háttérből is jöjjenek, legyen az horvát, francia, olasz, zsidó, sváb/német, szlovák, szlovén, szerb, szláv, cigány, román vagy amit éppen föl tudsz mutatni.

Mindazonáltal, némely magyarok elképesztő intellektuális ügyességgel perdülnek egyet, és próbálják rád erőltetni homogenitás-felfogásukat.

Language for Survival

Although their ancestors didn't do their off-spring any favours by settling in the crossroads of various empires, the Hungarians are an undemanding, grateful lot: they are besotted with them for simply settling at all. Considering that in this richly eventful geographical location most other communities vanished without a trace by being completely taken over by more powerful ones, you can understand that, for Hungarians, surviving as a community speaking the same language, is a remarkable feat in itself.

The German philosopher and poet, Herder, gave a huge boost to the Hungarian survival instinct when he declared in the 18th century that the Hungarian language, thus nation, was soon doomed to extinction. His endearing comments spurred the Hungarians into death-defying action. Just to prove him wrong, they got their act together and successfully overhauled the entire language which at the time was in dire need of restructuring.

Surprising as it may seem, the question of survival is not considered passé by some pundits of the nation who go almost as far as to suggest that Hungarians should do themselves a big favour by going forth and multiplying as fast and furiously as humanly possible.

On-side Inside Europe

As far as Hungarians are concerned, since they stopped ravaging Europe with romantic flair and reluctantly settled down more than a thousand years ago, Hungarians have always been the quintessential Europeans. Therefore they cannot see how they can reasonably be expected to wait in the corridor, along with ordinary applicants, to be admitted to the European Community. They argue with conviction that they need no admission; they have, of course, been inside all the time. The only snag is that the rest of Europe has either not woken up to or – worse – forgotten this teeny fact.

Nyelvedben élsz

Noha őseik nem nagy szívességet tettek ivadékaiknak azzal, hogy több birodalom kereszteződési pontján telepedtek le, a magyarok igénytelen és hálás népek: már amiatt elájulnak tőlük, hogy egyáltalán letelepedtek. És ha figyelembe vesszük, hogy a világnak ezen az eseményekben gazdagon bővelkedő szegletén sok más közösség nyomtalanul eltűnt, amikor náluk hatalmasabbak meghódították őket, megértheted, hogy a magyarok számára már önmagában az is rendkívüli vívmány, hogy sikerült egy nyelvet beszélő közösségként fennmaradniuk.

Herder, a német filozófus és költő, igen nagy lökést adott a magyar túlélési ösztönnek, amikor a XVIII. században kijelentette, hogy a magyar nyelv és ezzel a magyar nemzet gyors kihalásra van ítélve. Hízelgő megjegyzése halált megvető cselekvésre ösztönözte a magyarokat. Csak hogy azért se legyen igaza, összeszedték magukat és sikeres generáljavításnak vetették alá nyelvüket, amelyre akkortájt már valóban fenemód ráfért az átstrukturálás.

Meglepőnek tűnhet, de egyes nemzeti váteszek még ma sem tekintik elavultnak a túlélés kérdését, s odáig mennek, hogy azt ajánlják a magyaroknak: osztódással szaporodjanak, mégpedig az emberileg lehetséges leggyorsabb és legzabolátlanabb módon.

Európa szíve csücske

Ami a magyarokat illeti, amióta abbahagyták Európa romantikus feldúlását, s vonakodva letelepedtek több mint ezer évvel ezelőtt, ők mindig is kiköpött európaiak voltak. Ezért fel nem foghatják, miként lehetne ép ésszel elvárni tőlük, hogy más közrendű jelentkezők mellett a folyosón ácsingózzanak az Európai Közösségbe történő bebocsátatásukra várakozván. Meggyőződéssel hajtogatják, hogy őket nem kell bebocsátani, hiszen mindig is benn voltak. Az egyetlen bökkenő csupán az, hogy Európa többi része még nem ébredt rá erre az incifinci apróságra – vagy ami még rosszabb, elfelejtette azt.

Eating, or better still, feasting, holds a tight control over the Hungarian psyche. Believe it or not, those who cultivate the land and feed the nation have their own political forum, the Small Holders' Party, whose MP's hold roughly 10% of seats in parliament. Its political clout is due to the symbolic importance of land ownership and the people's continuing fascination with the fruits of the soil. Thus the Small Holders' Party has the ear of a fairly large section of the Hungarian population.

Hungarian cuisine is a demonstrably powerful part of Hungarian identity. Hungarian tourists wouldn't dream of leaving their native soil without adequate supplies of Hungarian sausage and salami; whilst Hungarian emigrants will start growing sorrel, marrow and cherry-paprika, and plant a vineyard long before making any serious attempt to adjust to the eating habits of their adopted country.

Az ízlelőbimbók uralma

Az evésnek, jobban mondva, a lakmározásnak nagy a hatalma a magyar lélek felett. Akár hiszed, akár nem, a földműveseknek, akik a nemzetet táplálják, megvan a maguk külön politikai pártja, a Kisgazdapárt; képviselői a parlamenti helyek durván 10%-át birtokolják. Politikai befolyását a párt a földtulajdon szimbolikus jelentőségének köszönheti, no meg annak, hogy az emberek továbbra is szenvedélyesen ragaszkodnak a termőföld gyümölcseihez. A Kisgazdapártra ezért a magyar népesség elég nagy része odafülel.

A magyar konyha nyilvánvalóan a magyar lélek egyik fő mozgatórugója. A magyar turistáknak álmukban sem jutna eszükbe elhagyni szülőföldjüket elegendő mennyiségű magyar kolbász- és szalámiellátmány nélkül; míg a magyar emigránsok sokkal hamarabb kezdenek el sóskát, tököt és cseresznyepaprikát termeszteni, és szőlőskertet telepíteni, semmint hogy bármilyen komolyabb erőfeszítést tennének fogadott hazájuk étkezési szokásainak elsajátítására.

LEISURE AND PLEASURE

"Only from a pure spring..."

Whether you are musically inclined or not, be prepared to act like a music lover or, better still, a musician to some degree or other.

You may prefer the music of Zoltán Kodály to that of Béla Bartók, but this preference may carry more meaning than you expect. Kodály became one of the greatest Hungarian national institutions in his very long life and died as one of the richest men in Hungary.

By contrast, Bartók, appalled by the politics of the thirties, went to New York and died there prematurely in difficult financial circumstances. It is not necessarily a consolation that he became world-famous posthumously, recognised as one of the most outstanding twentieth century composers. Not everywhere though: in Hungary there was a time when, for example, his 'Miraculous Mandarin' was declared 'cosmopolitan', immoral and therefore banned.

PIHENÉS ÉS SZÓRAKOZÁS

„Csak tiszta forrásból..."

Akár van érzéked a zenéhez, akár nincs, készülj fel rá, hogy ajánlatos zeneszeretőnek, sőt még inkább – valamilyen fokon – zenésznek mutatkoznod.

Ha netán jobban kedvelnéd Kodály Zoltán zenéjét Bartók Béláénál, meg fogsz lepődni, hogy ez az ízlésítélet a vártnál mennyivel több jelentést hordozhat. Kodály igen hosszúra nyúló élete során az egyik legnagyobb magyar nemzeti intézménnyé nőtte ki magát, s a leggazdagabb emberek egyikeként halt meg Magyarországon.

Ezzel ellentétben Bartók, akit elborzasztott a harmincas évek politikai légköre, New Yorkba ment és ott halt meg idő előtt, nehéz anyagi körülmények között. Csekélyke vigasz, hogy halála után világhírű lett, s ma az egyik legkiválóbb huszadik századi zeneszerzőként tartják számon. Nem mindenhol persze: voltak idők, amikor Magyarországon például a 'Csodálatos mandarin'-ról kijelentették, hogy 'kozmopolita', erkölcstelen és ezért betiltották.

Thus an apparently innocent remark about musical preferences may be interpreted in ways not quite anticipated by the unwary.

"No Life without Music..."

Gypsy music ('Cigányzene') is one of the hallmarks of the Hungarian tourist industry and indeed, it will be difficult for you to find any self-respecting restaurant that claims to be 'authentic Hungarian' without a gypsy band stirring up your emotions while you are trying to cope with the burning sensation of spicy food.

Before entering such a mouth-watering establishment, you need to be prepared for some very personal attention from the 'prímás' (first violinist) of the band. Whether you display any particular interest in the music or not, is simply not an issue: he will in any case invade your privacy and play the most tear-jerking romantic tunes right in your earhole.

At such times you are supposed to appear absolutely riveted by the performance, temporarily relinquish your food, sing along and, with the nonchalance of a medieval aristocrat, plant a large banknote in either the bow or amongst the strings of the fiddle or else, if you dare, on the forehead of the fiddler himself.

Hungarians will give you brownie points for requesting the band to play a song specifically for your table. For some Hungarians, this will demonstrate your intricate knowledge of Hungarian music. It is quite another matter of course that Gypsy and Hungarian folk music are two different traditions. The songs most enthused about may well be Romany; and Hungarian only to the extent that they are played in Hungary.

One of the most popular and most often requested 'authentic Hungarian folk songs' is the Lark; which is, of course, neither Hungarian (it is, in fact, Romanian Gipsy), nor a folk song – nonetheless, an invigorating tune indeed.

Should you confuse the two musical traditions, some nit-picking Hungarians will despise you for your ignorance. However, usually in conversation

Így nyerhet egy ártatlannak tűnő megjegyzés a zenei preferenciákról egészen váratlan értelmezést, ha nem vagy résen.

„Nem élhetek muzsikaszó nélkül..."

A cigányzene a magyar turistaipar egyik márkavédjegye, s valóban nehezen találnál olyan, magára valamicskét is adó és önmagát 'igazi magyarként' reklámozó éttermet, ahol ne lenne cigányzenekar, hogy felkavarja érzelmeidet, miközben a tüzesen csípős, méregerős ételokkal gyürközöl.

Még mielőtt belépnél egy ilyen ínycsiklandozó műintézménybe, fel kell készülnöd rá, hogy a zenekar prímása (első hegedűse) ki fog tüntetni személyes figyelmével. Hogy a legkisebb jelét adod-e annak, hogy tetszik a zene, vagy sem, teljesen lényegtelen: mindenképpen megszállja privátszférádat, hogy közvetlenül a füledbe húzza a legkönnyfakasztóbb romantikus dallamokat.

Ekkor jó, ha úgy teszel, mint akit teljes mértékben elbűvöl az előadás, egy időre felhagysz az evéssel, dalra fakadsz, majd egy középkori főúr hanyag eleganciájával nagy címletű bankjegyet tűzöl a vonóba, vagy a húrok közé, sőt ha van merszed hozzá, egyenesen a prímás homlokára.

A magyaroktól piros pontokra számíthatsz, ha kifejezetten a te asztaltársaságod számára egy nótát rendelsz a zenekartól. Némelyek ezt a magyar zenében való alapos jártasságod jeleként fogják elkönyvelni. Az persze teljesen más kérdés, hogy a cigány és a magyar zenei folklór két különböző hagyományt jelent. Könnyen lehet, hogy a legtúláradóbban dicsért nóták cigány dalok, és csak annyiban magyarok, hogy Magyarországon játsszák őket.

Az egyik legnépszerűbb, legtöbbet kért 'eredeti magyar népdal' a Pacsirta, amely persze se nem magyar (valójában romániai cigány), se nem népdal; mindazonáltal valóban vérpezsdítő dallam.

Ha netán összekevernéd a két hagyományt, némely kukacoskodó magyar megvetésére számíthatsz tudatlanságodért. Rendszerint azonban a magyarokkal folytatott beszélgetésekben ezt megúszhatod, merthogy a magyarok többsége sincs tisztában ezzel a

with Hungarians you can safely get away with this, since most of them do too – Liszt was no exception to this rule. They are happy to sing gypsy melodies as if their own. This, of course, does not prevent them from viewing the gypsies themselves in rather less favourable light than their musical heritage. If gypsies existed only as a tourist attraction and on records to be sold, they would be viewed in more positive terms than as a minority culture within Hungary. Indeed whether Hungarians refer to them as 'Gypsy' or, as they themselves now prefer to be called, 'Romany', will give you a fairly reliable clue as to their view in this delicate matter.

The Great Hungarian Sea

Most foreigners labour under the gross misapprehension that Hungary is a landlocked country. For a culture so obsessed with its history, it would be a tall order to expect Hungarians to do without, of all things, a sea, since no fewer than three – the Baltic, the Black, and the Adriatic – washed its shores as recently as the 14th century, during the reign of Lewis the Great. Hungarians' obsession with the sea is well-demonstrated by the fact that Horthy, the leading political figure in the autocratic regime of the 1930's, was still an admiral at a time when Hungary possessed not even a single sea. This tiny incongruity with reality didn't prevent him dressing up in his admiral's uniform and parading around on a white horse (incidentally, deeply symbolic for Hungarians) as a substitute battleship.

Hungarians have creatively reinvented their seas in the form of a glorious lake. Lake Balaton qualifies beautifully as a sea: after all, it is the largest lake in Central Europe, and the third largest in the whole of Europe.

There are many superb advantages of Balaton being, strictly speaking, a lake rather than, as in Hungarian lingo, a sea. To start with, the lack of sharks and accompanying sensation of life-threatening danger is more than compensated for

különbséggel – ez alól Liszt sem volt kivétel. Olyan odaadással éneklik a cigány dalokat, mintha a sajátjuk lenne. Ez persze nem akadályozza meg őket abban, hogy magukra a cigányokra némileg kevesebb elismeréssel tekintsenek, mint zenei hagyományukra. Ha a cigányok csak turistalátványosságként, illetve eladható lemezeken léteznének, akkor sokkal kedvezőbb megítélés alá esnének, mint Magyarországon belüli kisebbségi kultúraként. És az, hogy a magyarok cigányoknak nevezik-e őket, avagy úgy, ahogy ők maguk szeretik magukat hívni, 'romá'-nak – ez meglehetős biztonsággal eligazit a magyarok nézeteit illetően e kényes kérdésben.

A nagy magyar tenger

A legtöbb külföldi abban a komoly tévhitben ringatja magát, hogy Magyarországnak nincs tengere. Egy olyan kultúrától, amely annyira rabja saját történelmének, igazán túl sok lenne elvárni, hogy pont a tengerről mondjon le, hiszen nem kevesebb, mint három – a Balti, a Fekete és az Adriai – tenger mosta partjait, szinte mostanság, a XIV. században Nagy Lajos király uralkodása idején. Hogy a magyarok a tenger megszállottai, ez abból is kiviláglik, hogy az 1930-as évek autokratikus rendszerének vezető politikai figurája, Horthy még mindig admirális volt akkor is, amikor Magyarországnak már egy fia tengere sem akadt. De mit neki a valóság: ez a csöppnyi diszkrepancia nem zavarta abban, hogy admirálisi egyenruhában parádézzon csatahajópótló fehér lován (ami, mellesleg, mélyen szimbolikus a magyarok számára).

A magyarok alkotó módon újrakreálták tengereiket egy pompás tó formájában. A Balaton vidáman elmegy tengernek: végtére is a legnagyobb tó Közép-Európában és a harmadik legnagyobb egész Európában.

Számos remek előnye van annak, hogy a Balaton szigorúan véve tó, nem pedig tenger, ahogy a magyarok szeretik becézni. Először is, igaz, hogy nincsenek cápák, s így a halálos életveszély élményét is nélkülöznöd kell, viszont bőséges kárpótlást nyújt a pilledt keszegelés és sügérezés hátborzongatóan izgalmas foglalatossága alkonyat- és hajnaltájt. Ha

by the thrilling business of angling lackadaisically for bream and perch at dusk and dawn. Should you not find this strenuous sport exhilarating enough, you can always count on the famously hazardous Balaton storms to test your physical stamina and mental reserve to the limits.

Another advantage is that the water, being fresh, means you can deny yourself the pleasures of occasional salty mouthfuls whilst swimming, as well as the itching afterwards. Since the lake is relatively shallow, the water is warm, at times very warm indeed. On the one hand, it's safe and great fun for children to cavort and splash in for hours; on the other, a hopeless enterprise trying to lure them out.

Yachters who like a challenge can test their sailing skills without also having to compete with motor engines which are not allowed on the lake – a measure, advocates of nitpicking, argue, is too little too late. However winds are unreliable: sometimes too light; sometimes too strong; and sometimes non-existent. Hundreds of sailing boats becalmed in the middle of the lake for hours on end, may make a quaint picture for onlookers, but tends not to be so inspiring for the sailors themselves.

Expert surfers get hooked on the gentle waves and brisk breeze in the glaringly corny sunset, complete with golden-red reflections across the calm waters of the lake. No picture postcard of Lake Balaton can be such perfect kitsch as reality itself.

Beginners in surfing can find no better place than the warm, shallow fresh-water to accommodate their efforts, punctuated by frequent struggles to clamber back onto the surfboard for the umpteenth time.

If swimming is what you are into, head for the northern shores. Except, that is, if you long for a swim with a difference – one combined with hiking. On the southern shores, it takes some determination, and only an hour or so of vigorous walking in knee-to-waist high water, to reach a suitable depth for swimming. With children

esetleg mégsem találnád kellőképpen felvillanyozónak ezt a megterhelő sportot, mindig számíthatsz a híresen kockázatos balatoni viharokra, hogy fizikai kitartásod és lelki tartalékaid határait próbára tedd.

Egy másik előny, lévén édesvizű tóról szó, hogy megtakaríthatod magadnak úszás közben az időnkénti sós kortyok élvezetét, csakúgy mint a fürdés utáni viszketést. Mivel a tó viszonylag sekély, ezért a víz meleg, néha aztán tényleg nagyon meleg. Így egyfelől biztonságos és igen remek dolog a gyerekek számára órákon át lubickolni benne; másfelől viszont reménytelen vállalkozás megpróbálni kicsalogatni őket.

Vakmerő hajósok próbára tehetik vitorlázó képességeiket, anélkül, hogy motoros hajókkal kellene versengeniük, mert ezeket kitiltották a tóról – ez az intézkedés a kákán is csomót keresők szerint elegendőnek nem elegendő, viszont túl későn jött. A szelek azonban megbízhatatlanok; hol túlságosan gyengén, hol túlságosan erősen, hol pedig egyáltalán nem fújnak. A tó közepén órákig mozdulatlanul veszteglő vitorlások százai meglehet bájos látványt nyújtanak a parti bámészkodóknak, ám magukat a vitorlázókat ez korántsem szokta annyira lelkesíteni.

Profi szörfösök bolondulnak a szelíd hullámokért és a friss fuvallatokért a tó csendes vizén arany-pirosan tükröződő, vakítóan banális naplementében. Egyetlen balatoni képeslap sem lehet olyan tökéletes giccs, mint a valóság maga.

A kezdő szörfösök keresve sem találhatnának jobb helyet, mint ezt a meleg, sekély édesvizet, amely jóindulatúan fogadja gyakori küszködésekkel tarkított erőfeszítéseiket, hogy minduntalan visszamásszanak a szörfdeszkára.

Ha úszásban utazol, az északi partra igyekezz. Hacsak nem akarsz kipróbálni egy újfajta úszásnemet – amely tortúrával párosul. A déli parton némi elszántságra és mindössze úgy egy órácskányi erőltetett gyaloglásra van szükség térdig érő vízben ahhoz, hogy úszásra alkalmas mély vizet találj. A vadul hancúrozó gyerekek, a labdát és frízbit dobáló tinik és az utadat cikcakkban keresztező szörfösök és csónakok ezeket a sétákat kiválóan alkalmassá teszik a meditálásra és a természettel való meghittebb érintkezésre. Ha már

engaged in boisterous horseplay, teenagers throwing balls and frisbees, and surfers and boats crisscrossing your path, these walks are excellent for meditating and communing with nature. Once there though, your well-deserved swim will be perfectly peaceful, since not many others are prepared to go to all this effort just for a swim.

In any of the above scenarios, you are guaranteed not to see your partner and/or family for most of the day – one of the main reasons the annual Balaton holiday is a must for Hungarians.

azonban a tett színhelyén vagy, jól megérdemelt úszásod tökéletesen zavartalan lesz, lévén, hogy nem sokan hajlandóak végigmenni mindezen a tortúrán, csak hogy úszhassanak egyet.

A fenti forgatókönyvek bármelyike esetén mérget vehetsz rá, hogy a nap legnagyobb részében nem fogod látni partnered és/vagy családod – ez az egyik legfőbb oka, hogy az évi rendes balatoni nyaralást a magyarok egész egyszerűen nem bírják kihagyni.

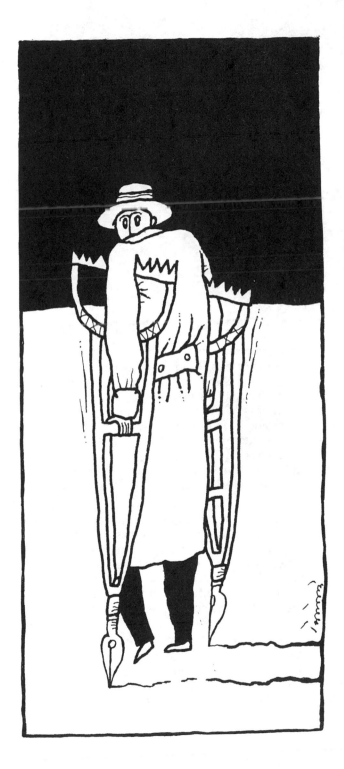

SENSE OF HUMOUR

The major criterion for Hungarians in deciding whether a joke is good or bad is quite sophisticated: what is significant is not so much what is being said, or how, but rather who is saying it. Unless they approve of the person telling the joke, they will refuse to laugh at themselves; indeed, they may take a lifelong antagonism, swearing revenge on the unwitting perpetrator of what they may (decide to) interpret as an offensive remark.

If they see you as a potentially malicious outsider who does not have the foggiest idea about the spectacular sorrows of the Hungarian soul, you had better not risk cracking any jokes at all. It may be alright for the British to ruthlessly make a fool of their Royal family, but it is the privilege of insiders to poke fun at their own foibles – or so some Hungarians think. Others who beg to differ, risk any claim to being an authentic 'MAGYAR'.

Note that to be considered an outsider by some Hungarians, you do not necessarily have to be a foreigner. Indeed, a humble voice of dissent on one point or another by a fellow Hungarian is

HUMORÉRZÉK

A legfőbb kritérium, amelynek alapján a magyarok eldöntik, hogy egy vicc jó-e vagy sem, meglehetősen kifinomult: nem annyira az az érdekes, hogy mit mondanak, hanem az, hogy hogyan, illetve még inkább, hogy ki mondja. Ha nem bírják a viccelődőt, azért se nevetnek magukon; sőt, életre szóló haragba keverednek és bosszút esküsznek a mit sem sejtő elkövető ellen, annak (tetszéstől függően) sértőként értelmezhető megjegyzése miatt.

Ha potenciálisan rosszindulatú kívülállóként tekintenek rád, akinek a leghalványlilább gőze sincs a magyar lélek égbekiáltó fájdalmairól, jobb, ha egyáltalán nem kockáztatod meg, hogy elsüss egy viccet. Az rendben van, hogy a britek könyörtelenül bohócot csinálnak az angol királyi családból, de az a bennfentesek előjoga, hogy kifigurázzák önnön gyarlóságaikat – egyes magyarok legalábbis így gondolják. Akik másként óhajtanak vélekedni, azt kockáztatják, hogy nem fogják őket igazi 'MAGYARNAK' tekinteni.

Megjegyzendő, hogy nem kell feltétlenül külföldinek lenned ahhoz, hogy némely magyar kívülállónak tekintsen. Hiszen, ha magyar polgártársuk ebben

more than sufficient for some to take the sword of justice, flaming with indignation, and strive to excommunicate them, briskly and irrevocably, from the righteous Hungarian community – even though the fool who risks going against the grain can only be a Hungarian in want of any language other than their native Hungarian.

When It Comes to Humour, They Have No Sense of Humour

Now, you may think it spot-on to play a pun on the word Hungary and hungry. Most Hungarians will differ with you, however, on this one. Whether they trust you, or care about you enough to scold you for what may appear to you an innocent joke, is another matter. At best, you can expect to be vigorously enlightened about your astounding insensitivity. In the worst-case scenario, they will just write you off in seething silence for your faux pas.

However, as with most everything, Hungarians are gloriously divided in their attitude to humour and what they regard as funny. Some may entertain you with jokes demonstrating their mercilessly critical self-awareness, such as the one about the Hungarian who enters a revolving door behind you but, inexplicably, and refuting the laws of physics, exits in front of you. (Yes, this is a 'genuine' Hungarian joke!)

Other Hungarians will simply do you in you for telling this joke, having pointed out the blatant absurdity of it in the light of Hungarian history. "Is it conceivable you don't recollect that Hungarian history has been a series of daringly heroic, but mostly losing battles? So, there. It was invariably others (Tartars, Turks etc.) who came out of the revolving doors of history first; certainly not Hungarians", they argue.

Philosophy: Humour Is Thy Name

Having said that, Hungarian humour has been a primary outlet for varied and numerous political frustrations. Creative political thinking and

vagy abban a kérdésben bátortalan különvéleményének ad hangot, ez több mint elegendő egyesek számára, hogy a méltatlankodástól lángolva, az igazság pallosával, rögvest és egyszer s mindenkorra megkíséreljék kiutasítani az illetőt a rendes magyarok közösségéből – még akkor is, ha az ár ellen úszás kockázatát vállaló szerencsétlen flótás a magyar nyelven kívül semmilyen más nyelvet nem beszél; mi lehetne akkor más, mint magyar?

Humorban nem ismernek tréfát

Nos, lehet hogy azt hiszed, hogy találó szóviccet gyárthatsz a Hungary (Magyarország) és a hungry (éhes) szavakból. A legtöbb magyar azonban nem fogja ezt díjazni. Hogy eléggé megbíznak-e benned, vagy törődnek-e veled annyira, hogy megdorgáljanak azért, ami neked csak egy ártatlan viccnek tűnhet, az más kérdés. A legjobb esetben heves kioktatásban lehet részed elképesztő faragatlanságod miatt. A legrosszabb esetben viszont némán visszafojtott dühvel egyszerűen csak leírnak faux pas-d (ballépésed) eredményeképpen.

De mint általában a legtöbb dologban, a magyarok abban is fényesen megosztottak, hogy mit tartanak viccesnek és hogy miben nem ismernek tréfát. Egyesek olyan könyörtelen kritikai önismeretről tanúskodó viccekkel szórakoztathatnak, mint amelyik arról a magyarról szól, aki mögötted lép be a forgóajtóba, de érthetetlen módon és a fizika törvényeit meghazudtolva, előtted lép ki. (Bizony, ez egy eredeti magyar vicc!)

Más magyarok viszont egyszerűen beléd vágják a rozsdás bökőt ezért a viccért, kimutatván annak égbekiáltó abszurditását a magyar történelem tükrében. „Tényleg nem lennél tisztában azzal, hogy a magyar történelem vakmerően hősies, de többnyire vesztett csaták sorozata? Na ugye. Folyton mások (a tatárok, a törökök stb.) voltak azok, akik előbb léptek ki a történelem forgóajtajából, s tuti, hogy nem a magyarok", magyarázzák.

Viccben az igazság

Ezzel együtt a magyar humor igen sok és sokféle politikai frusztráció elsődleges levezetője lett. A kreatív

philosophy have often been channelled into black humour and/or samizdat literature. The most famous of these is the 'Beszélő', a periodical written by (naturally!) philosophers, intellectuals of the highest Euro order such as János Kis, Ottília Solt, Ferenc Kőszeg, Miklós Gáspár Tamás, and which was printed in the first three years by (who else?) a philosopher and political thinker with an insightful, sarcastic sense of humour, István Orosz.

Almost anything forbidden or risky could and was said via humour. Indeed, Hungarians used to exorcise their opposition to oppressive regimes through the cruellest jokes possible against the political system, the police, corruption and what have you. They still cherish a national passion for decoding the gravest political implications of quite innocuous remarks or innocent jokes.

The intellectual excitement of joke-decoding was quadrupled by the adrenalin triggered off by being forced to make on-the-spot decisions as to whether it was safe or expedient to tell a particular joke in a particular place with a particular group of people – or whether to risk laughing at someone else's.

Now that humour is no longer supposed to have the role of circumventing censorship and trying to keep the personal and national psyche reasonably healthy, all the delicious excitement of guessing the hidden layers of meaning has gone out of it. Instead, humour acts as one of the more obvious clues to people's political hue, and is used as a venomous weapon. What has not changed, though, is Hungarians' ability (given the right context!) to roll in the aisles at the blackest imaginable satire about their misfortunes – no shortage of raw material here...

politikai gondolkodás és filozófia gyakran fekete humorban és/vagy szamizdat kiadványokban öltött testet. Ezek közül a leghíresebb a 'Beszélő' című folyóirat, amelyet – mi sem természetesebb – olyan kiváló euró-szintű filozófusok, értelmiségiek írtak, mint például Kis János, Solt Ottília, Kőszeg Ferenc, Tamás Gáspár Miklós, és amelyet ki más, mint egy lényeglátóan fanyar humorú filozófus és publicista, Orosz István nyomtatott az első három esztendőben.

Humorban úgyszólván minden tiltott vagy kockázatos dolgot el lehetett mondani, és el is mondtak. És valóban, a magyarok az elnyomó rendszerekkel szembeni ellenérzéseiket úgy élték ki, hogy könyörtelen vicceket gyártottak a politikai rendszerről, a rendőrségről, a korrupcióról, és ami csak jött. Máig hódolnak annak a nemzeti szenvedélynek, hogy meglehetősen ártalmatlan megjegyzések vagy ártatlan viccek legrejtettebb politikai jelentéseit megfejtsék.

A viccek kibogozásának intellektuális izgalmát megsokszorozta az abból az azonnali döntéskényszerből fakadó adrenalinmennyiség, hogy egy bizonyos viccet biztonságos vagy tanácsos dolog-e elmondani egy adott helyen, adott társaságban – avagy megkockáztatható-e a nevetés valaki másnak a viccén.

Most, hogy többé már nem a humor dolga kijátszani a cenzúrát és próbálja viszonylag egészségesen tartani az egyéni és a nemzeti pszichét, a rejtett jelentésrétegek kibogarászásának édes izgalma is elenyészett belőle. Ehelyett most a polgárok sokkal nyíltabban vallanak színt politikai beállítódásukról a humorban, melyet mérgezett fegyverként forgatnak. Ami azonban nem változott, az a magyarok hajlandósága (megfelelő körülmények összejátszása esetén!), hogy fetrengjenek a röhögéstől nyomorúságaik lehető legfeketébb szatíráján is – s nyersanyagban ehhez aztán nincs hiány...

RETAIL RITUALS

Nowadays, sophisticated shop-till-you-drop consumers can get most anything and everything they could wish for – and more! Shopping has become simply a question of locating just where the secret object of desire is available, apart from the trifling issue of finding enough money to meet exorbitant prices.

Boutiques and Markets

During the years of 'Boutique Fever', sufficiently motivated shoppers could easily get rid of their monthly income in one go in any self-respecting boutique. This is still feasible, even if you are not a fashion addict, since these cramped private shops are boutiques with a difference: not just providing expensive home-made rags, but often a variety of imported goods. Whatever your snobbery, or whatever junk your heart desires, boutique browsing – a dry version of pub crawling – is a safe bet.

Undoubtedly, things have improved in a big way, to the extent that Hungarians do not need a

VÁSÁRLÁSI RITUÁLÉK

Manapság a kifinomult igényű és végkimerülésig vásárló úgyszólván mindenhez hozzájuthat, ami csak szem-szájnak ingere – sőt, még többhöz is! A vásárlás mindössze annak megállapítására egyszerűsödött, hogy hol kapható a vágy titokzatos tárgya, eltekintve attól az elhanyagolható kérdéstől, hogy az embernek honnan lesz pénze megfizetni az égbe szökő árakat.

Butikok és piacok

A 'butikláz' éveiben a kellően elszánt vásárlók könnyen egy csapásra megszabadulhattak egész havi fizetésüktől egy magára valamennyire is adó butikban. Ez most is elképzelhető, még akkor is, ha nem vagy divatbolond, mert ezek a szűkös kis maszeküzletek a butikok sajátos típusát képviselik: nem csupán drága, házi készítésű rongyokat árulnak, hanem gyakran importált áruk választékát is kínálják. Bármilyen sznobság rabja legyél, vagy bármiféle kacat után ácsingózzon szíved, biztosra mehetsz, ha – a kocsmakörút száraz változatát – a butiktúrát választod.

Az utóbbi időben kétségtelenül látványosan javult a helyzet, olyannyira, hogy a magyaroknak butik sem

boutique any more to become skint: any retail outlet will do.

Shopping at Hungarian markets is still an intoxicating and cacophonous experience. The sight of garlic and paprika garlands hanging everywhere in great abundance, lives up to popular stereotypes about Hungarians. So too do the long sticks of salami and large bunches of all kinds of sausage – isn't it comforting to know you can rely on at least some stereotypes?

The Watermelon Ritual

When watermelon – called Greek melon ('görög dinnye') by Hungarians – is in season, you are in for an experience unlikely to be part of your stereotypical Hungarian shopping schema. Be alert, when driving and, especially, on foot, to spot in good time the enormous mountains of dark green melons piled high on the pavement, leaving you wondering when the huge heap is going to topple over to the four corners of the earth.

Since Hungarians always get their priorities right, they take the business of buying watermelons most seriously. This is one of the very few occasions when, believe it or not, they are actually prepared to queue and wait their turn, holding onto the particular watermelon they have selected. Making the right choice is a lengthy process of focused concentration, thoroughly examining dozens of melons by tapping them here, there and everywhere, listening for what is considered to be the perfect (i.e. deep, hollow) sound.

The real test, of course, is the actual tasting of the melon. Hungarians would not entertain the idea of buying one, unless they have tasted a bit cut out of the melon by the vendor. He takes a huge knife, plunges it into the melon, extracts a chunk with great panache and offers it for tasting as a precursor to buying. This annexed piece of melon will then be ceremoniously handed around each member of the family participating in the ritual. If, and only if, they all agree that the slice

kell ahhoz, hogy legatyásodjanak: erre a célra most már bármelyik üzlet megteszi.

A piaci bevásárlás Magyarországon még mindig mámorítóan kakofón élmény. A lépten-nyomon óriási bőségben csüngő fokhagyma- és paprikafüzérek látványa megfelel a magyarokról kialakult közkedvelt közhelyeknek. Csakúgy, mint a hosszú szalámirudak és a rengeteg féle kolbászköteg – megnyugtató tudni, hogy legalább bizonyos sztereotípiákra azért támaszkodhatsz, nemde?

A görögdinnyerítus

Amikor a görögdinnyének – az angolok 'vízdinnyének' hívják – szezonja van, olyan nem mindennapi élményre számíthatsz, amely nem valószínű, hogy hozzátartozik a magyar vásárlási szokásokról rögzült elképzeléseidhez. Légy résen, hogy vezetés közben, de főként ha gyalog jársz, időben vedd észre a járdán felhalmozott óriási sötétzöld dinnyehegyeket; látványukon eltöprenghetsz, hogy mikor gurul szanaszét az egész óriási rakás a világ négy sarka felé.

Mivel a magyarok mindig pontosan tudják, mi a legfontosabb, a görögdinnye-vásárlás kérdését a legnagyobb komolysággal kezelik. Ez azok közé az igen ritka alkalmak közé tartozik, amikor – ha hiszed, ha nem – ténylegesen hajlandóak beállni és kivárni, amíg rájuk kerül a sor, féltve őrizgetvén kezükben az egyedileg kiszemelt görögdinnyét. A megfelelő dinnye kiválasztása hosszadalmas, komoly koncentrációt igénylő folyamat, több tucatnyit alaposan megvizsgálnak, imitt-amott megkopogtatják őket, keresvén a tökéletesnek tartott (azaz mélyen kongó) hangot.

Az igazi próba természetesen a dinnye tényleges megkóstolása. A magyarok a világért sem vennék meg a dinnyét, ha nem kóstolhatnának meg egy szeletet belőle, amelyet az elárusító vág ki a számukra. Megragad egy hatalmas kést, beledöfi a dinnyébe, utánozhatatlan eleganciával meglékeli és a darabot kóstolásra kínálja, mintegy a vásárlás előaktusaként. Ezt a kihasított dinnyeszeletet aztán szertartásosan körbe adják a család minden tagjának, akik részt vesznek a rítusban. Ha, és csakis akkor, ha mindenki

in question is sufficiently sweet, does the deal go ahead. If it is a thumbs-down decision, other melons need to be cut and tested, in fact the whole ritual repeated, until either all parties are satisfied or sufficiently embarrassed/frustrated to call a halt to the game.

A Bagful of Medicine

Pharmacists in Hungary have miraculously managed to retain the status of medieval alchemists, along with all the mysterious paraphernalia that goes with it. Forget the idea of walking into a common drugstore, let alone corner store, and taking what you need from the shelf.

To start with, you will find the experts licensed to dispense their precious concoctions only in shops called 'Patika' or 'Gyógyszertár' (medicine store) which tend to be exclusive places with wooden wall panelling, huge green plants, and the penetrating smell peculiar to an alchemist's den. Do not look for the usual Euro signs, such as a red or green cross, to indicate a 'Patika'; a snake curled around a pair of scales suits more the image of present-day Hungarian alchemists. Otherwise, shop-windows full of overgrown plants ready to burst through the glass, indicate the place you desperately need.

If an urgent problem strikes in the middle of the night, on a Sunday or Bank Holiday, you simply (ha ha!) search out the duty pharmacy in the neighbourhood, and keep ringing the bell until a bleary-eyed pharmacist emerges to help you.

Locating a 'Patika' is not the end of your trials, but only the beginning. The medications are well-hidden in intricate systems of revolving drawers and such like, often made of ornately carved wood. The only things normally displayed and accessible to customers are a jug of water and some mundane glasses on a tray.

There is no way, therefore, you can figure out for yourself what you need – in any case that would undermine the pharmaceutical profession. No, you have to wait your turn (another rare example of Hungarians queuing) to consult the expert in a

egyetért abban, hogy a kérdéses szelet eléggé édes, nyélbe lehet ütni az üzletet. Ha viszont a döntés elmarasztaló, akkor újabb dinnyéket kell meglékelni és megkóstolni, és az egész rítus addig ismétlődik, amíg valamelyik vagy valamennyi fél meg nincs elégedve vagy már eléggé kínosan ingerültnek érzi magát ahhoz, hogy véget vessen a játéknak.

Egy szatyor orvosság

A magyarországi gyógyszerészeknek valami csoda folytán sikerült megőrizniük a középkori alkimisták státuszát, az ehhez szükséges összes misztikus kellékkel egyetemben. Ne reméld, hogy csak úgy besétálhatsz egy közönséges illatszerboltba, vagy urambocsá a sarki közértbe, és leveheted a polcról azt a gyógyszert, amelyre szerinted szükséged van.

Először is, a becses kotyvalékaikat engedéllyel árusító szakértőket csak a Patika, illetve Gyógyszertár nevű boltokban találhatod meg, amelyek rendszerint exkluzív helyek, fából készült falburkolattal, óriási zöld növényekkel, és egy alkimistaodúra jellemző átható szaggal. Ne keresd az Európában megszokott jeleket, a vörös vagy a zöld keresztet a patika jelzésére; a mérleg köré tekeredő kígyót a mai magyar alkimisták magukhoz jobban illő jelképnek tekintik. Egyébiránt a kirakatüvegen áttörni igyekvő, elburjánzó növények jelzik, hogy ez az a hely, amelyre égető szükséged támadt.

Ha valami sürgős probléma éjjel, vasárnap vagy ünnepnap adja elő magát, akkor egyszerűen csak (ha-ha!) felkutatod az ügyeletes patikát a környéken és addig nyomod a csengőt, amíg egy csipás szemű patikus ki nem dugja a fejét, hogy segítsen rajtad.

A patika megtalálásával nem érnek véget megpróbáltatásaid, ellenkezőleg, csak most kezdődnek. A gyógyszerek gyakran díszesen faragott forgó fiókok és hasonlók bonyolult rendszerében vannak jól elrejtve. Rendszerint egyetlen dolog van kitéve és érhető el a páciensek számára: egy kancsó víz és néhány világi pohár egy tálcán.

Semmiképp sincs tehát rá mód, hogy önállóan kifundáld, mire van szükséged – ez egyébként is aláásná a gyógyszerész szakmát. Nem, ki kell várnod a sorodat (ez egy másik ritka példája annak, amikor a

white gown, safely distanced from ordinary souls by a high, wide counter. Given the elaborate gate-keeping process you have to get through before you can get an aspirin, it is small wonder that Hungarians like to leave the 'Patika' with their shopping bags overflowing with enough pharmaceutical goods to sustain an army for a whole year. (Since medicine and food are both pricey, you may of course have to make the enviable choice as to which of the two you can afford to buy in the first place.)

Sadly, it must be said that the first crack in the privileged position of pharmacists has already appeared. It used to be the ultimate head-shrinking experience for a man to go into a 'Patika' and bashfully ask the female pharmacist for some condoms (let alone a woman requesting the same from a male pharmacist) while a queue of children and elderly people would eagerly follow the whole transaction.

The fact that nowadays such fundamental goods are available even in grocery stores, makes life markedly easier for foreigners with earthly desires but no Hungarian language skills. On the other hand, it's a real shame you don't need to demonstrate any more with body language what exactly it is you're after. Local Hungarians feel unfairly deprived of what was a hilarious form of free entertainment.

magyarok sorba állnak), hogy tanácsot kérhess a fehér köpenyes szakembertől, akit magas, széles pult tart biztonságos távolságban a közönséges halandóktól. Ha meggondoljuk, hogy milyen bonyolult akadályrendszeren kell keresztülvergődnöd, míg hozzájuthatsz egy aszpirinhez, nem csoda, hogy a magyarok zsúfolásig teletömött bevásárlószatyorral szeretnek távozni a patikából, ami egy hadseregnek is elegendő lenne egy egész évre. (És mivel az élelmiszer és az orvosság egyaránt drága, könnyen lehet, nem úszhatod meg az irigylésre méltó választás nélkül, hogy a kettő közül eleve melyikre futja a pénzedből.)

Sajna, meg kell mondjuk, a patikusok e kiváltságos pozícióján már megjelent az első repedés. Korábban a legvégső lelki lehorgadást jelentette egy férfi számára, ha arra kényszerült, hogy a Patikában egy női gyógyszerésztől kérjen pironkodva kondomot (nem is beszélve arról, amikor egy nő óhajtotta ugyanezt egy férfi patikustól), miközben gyerekek és öregek sora figyelte élénk odaadással az egész aktust.

Az a körülmény, hogy manapság az ilyen alapvető árucikkek már akár a közértben is kaphatóak, jelentősen megkönnyíti a földi vágyakkal igen, magyar nyelvtudással viszont nem rendelkező külföldiek életét. Másfelől az viszont tényleg sajnálatos, hogy többé már nem kell mutogatva elmagyaráznod, pontosan mire is volna szükséged. A helybéli magyarok méltánytalanul megfosztva érzik magukat ettől a pompás ingyencirkusztól.

EATING

Hungarian Cuisine and the Hungarians

Hungarian cuisine has an outstanding international reputation which has not been seriously damaged by the fact that a lot of it defies prevailing dietary laws and prescriptions. Hungarians eat everything that you are not supposed to, prepared in the way it shouldn't be, and consumed in deadly quantities: naturally, they enjoy it tremendously.

Poison Yourself with Pride

Since the 1930's when the Italian coffee fad took off with a vengeance in Hungary, the day kicks off with an 'espresso' that makes anyone not used to it hyper-ventilate for the rest of the day. (See more under DRINKING.) Hungarians drink this murderous brew, with or without milk, first thing in the morning – usually, on an empty stomach. They blithely continue poisoning themselves by repeating the dosage at regular

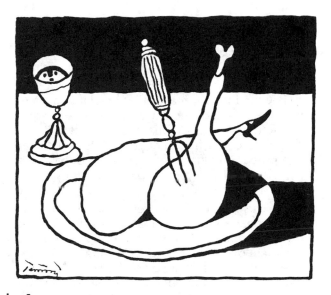

ÉTKEZÉS

A magyar konyha és a magyarok

A magyar konyhaművészet komoly nemzetközi hírnévnek örvend, amit nemigen csorbít az a tény, hogy jelentős része fittyet hány a jelenleg divatos táplálkozási szabályoknak és előírásoknak.
A magyarok mindent megesznek, amit nem kellene, úgy elkészítve, ahogyan nem szabadna, mégpedig halálos adagokban: még szép, hogy rettentően élvezik a dolgot.

Emelt fővel mérgezd magad

Az 1930-as évek óta, amikor az olasz presszókávé szenvedélye vadul fellángolt Magyarországon, a napot a fekete gerjeszti be, ami a nap egész hátralévő részére reszketésig felajzza azt, aki nem eléggé edzett. (Bővebben lásd az Ivás című fejezetet.) A magyarok tejjel vagy tej nélkül isszák ezt a gyilkos főzetet, rendesen éhgyomorra, közvetlenül felkelés után. Majd derűsen folytatják önmaguk mérgezését rendszeres időközönként megismételve a dózist a nap során.

intervals throughout the day. For maximum effect, many combine this ritual with smoking a fag or two. In any case, Hungarians wouldn't contemplate leaving home without imbibing a mugful of this pitch-black substance.

They do, though, realise that breakfast is a very important meal of the day and therefore hurry to work to make up for what they missed at home. Once there, the first thing they do is to tuck into a proper breakfast of fresh rolls with cold cuts, cheese and yoghurt – plus another espresso, of course.

This is a remarkably efficient custom, since Hungarians clearly save time by not having a proper breakfast at home and need no brunch to tie them over till lunch. Besides, they make very good use of their time by socializing with family and friends over the phone, and colleagues in the office, while enjoying a well-deserved picnic spread all over their desk.

Traditionally, the main meal of the day is a hot lunch, but it is not easy to keep it this way, what with the quality and quantity of canteen food these days. Hungarians complain if there is no cooked meal available at work, but even more so when there is. In any case, a piping hot espresso rounds off lunch, however ghastly it may be.

There is only one more espresso to survive, between three and four in the afternoon, with something to nibble on, just to give enough energy to wrap up work and fight your way home through the traffic-jams. This strenuous process undoubtedly makes you famished enough to sit down to a relatively early cooked dinner, or meal consisting of cold cuts with bread and – surprise, surprise – no espresso this time! Unless, of course, it is a formal dinner, in which case you will be offered one, even at 11 pm.

Vegetarian Options

Although caffeine addicts are well-advised to make haste to Hungary to have the time of their lives, for vegetarians the case is not quite so straightforward. They will certainly find it

Hogy a rítus hatása maximális legyen, sokan egy-két cigit is elszívnak hozzá. Mindenesetre eszük ágába se jutna úgy elindulni otthonról, hogy be ne hörpintsenek egy csészényit ebből a koromfekete kotyvalékból.

Természetesen tisztában vannak vele, hogy a reggeli igen fontos étkezés, rohannak tehát a munkába, hogy ott bepótolják, amit otthon elmulasztottak. Amikor megérkeznek, első dolguk, hogy alaposan bereggelizzenek: friss péksüteményt felvágottal, sajtot és joghurtot – s természetesen még egy fekete a ráadás.

Ez rendkívül hatékony szokás, hiszen a magyarok nyilvánvalóan időt spórolnak azzal, hogy nem reggeliznek rendesen otthon és nincs szükségük tízóraira, hogy kihúzzák ebédig. Emellett pedig igen hasznosan töltik idejüket a családdal és a barátokkal csevegvén telefonon, illetve a hivatali kollégákkal, miközben asztalukon szétterülő, jól kiérdemelt piknikükel élvezik.

A napi főétkezés hagyományosan a meleg ebéd, de nem olyan egyszerű megtartani ezt a szokást, tekintve a kantinban manapság kapható ételek minőségét és mennyiségét. A magyarok reklamálnak, ha nincs meleg étel a munkahelyen, de ennél már csak akkor reklamálnak jobban, ha van. Ám bármilyen pocsék is lett légyen az ebéd, mindenképpen tűzforró fekete koronázza meg.

Ezek után már csak egyetlen feketét kell túlélned délután, némi rágcsálnivalóval, három és négy között, csak hogy elég energiád legyen berekeszteni a munkát és hazavergődni a csúcsforgalomban. Ez a törődés minden bizonnyal kiéheztet annyira, hogy letelepedj a viszonylag korai főtt vacsorához, vagy hideg felvágotthoz kenyérrel, és – micsoda meglepetés – ezúttal elmarad a fekete! Kivéve persze, ha hivatalos vacsoráról van szó – ez esetben még este 11-kor is felszolgálják a kávét.

Vegetáriánus választék

A koffein rabjai persze jól teszik, ha sietnek Magyarországra életük nagy kalandját megtapasztalni, a vegetáriánusok számára viszont nem ilyen egyértelmű a helyzet. Az biztos, hogy embert próbáló,

challenging, but not impossible, to locate a specialty of Hungarian cuisine conforming to their dietary principles.

Veggies often come disguised in a heavy roux of flour and oil (traditionally lard) and go by the name 'főzelék'. A more enterprising idea is simply to start with soup – for example sour cherry or cinnamon apple – skip the main course and finish with a choice of three strudels ('rétes') – apple, cottage cheese or cabbage – or apple and walnut pie ('pite').

Now, if you're a cottage cheese fan, you may well get addicted to the famous cottage cheese noodles ('Túrós csusza') or the irresistible dumplings ('gombóc') which, besides cottage cheese ('túró'), come filled with juicy blue plums ('szilva') and golden apricots ('barack'). Hungarian versions of Austrian strudel, and dumplings from Czech cuisine, are evidence of the culinary legacy of the Habsburg Monarchy.

If you have no qualms about ingesting opium, you can also have a go at the delicious poppyseed vermicelli ('Mákos metélt') which will leave ubiquitous stains on your teeth for days to come, but otherwise tastes delicious. Another attractive option is to grab a steaming, savoury, flat doughnut ('Lángos'), usually garlic-flavoured, which will effectively keep any unwanted company away for some time.

In the light of such a wide choice of non-meat-based Hungarian specialities, who can say all Hungarian dishes are waiting for redemption from po-faced dieticians? Health conscious Euro-Hungarians should be on the lookout particularly for spicy curd cheese ('Körözött'), spread on fresh roll or stuffed in green pepper (pale yellowish in Hungary and, needless to say, tastes like heaven). Like most Hungarian culinary creations, 'Körözött' also abounds in red pepper and garlic, and basically looks like some heavily suntanned cottage cheese pâté. Forget, then, any memories of boring old cottage cheese – this version is spicy enough to make it come alive and kicking. You will inevitably find yourself asking for the recipe.

The ultimate summer favourite with Hungarians, which they happily consume for lunch and

noha nem teljesíthetetlen feladatnak ígérkezik, hogy olyan magyar ételkülönlegességet találjanak, amely megfelel étkezési elveiknek.

A zöldségféleségek gyakran lisztből és olajból (hagyományosan zsírból) készült, jó vastag rántásban úsznak és a főzelék névre hallgatnak. Ha vállalkozóbb szellemű vagy, kezdd egyszerűen levessel – meggy- vagy fahéjas almalevessel –, hagyd ki a fő fogást és fejezd be almás, túrós vagy káposztás rétessel, avagy almás-diós pitével.

Na most, ha szereted a túrót, könnyen rászokhatsz a híres túrós csuszára és az ellenállhatatlan gombócokra, amelyek a túró mellett, szaftos kékszilvával és aranyló sárgabarackkal is lehetnek töltve. Az osztrák rétes és a cseh gombóc e magyar változataiban a Habsburg Monarchia kulináris hagyományai élnek tovább.

Ha nincs ellenedre, hogy némi ópiumot vegyél magadhoz, akkor megkóstolhatod a mákos metéltet, amelynek levakarhatatlan nyomait napokig nem tudod eltüntetni a fogaid közül, de különben fenségesen finom. Másik vonzó lehetőség, hogy bekapsz egy gőzölgő, sós, lapos fánkféleséget, vagyis egy lángost, amely rendszerint fokhagymával ízesített, úgyhogy jó ideig garantáltan távol tartja a nem kívánt társaságot.

A hús nélküli magyar specialitások ilyetén széles választékának a fényében ki állíthatná, hogy az összes magyar étel a savanyúképű táplálkozási szakértők feloldozására vár? Az egészségükre ügyelő euró- magyaroknak kivált a csípős körözöttre kell utazniuk, amelyet friss péksüteményre kennek vagy zöldpaprikába töltenek (ami Magyarországon halványsárga, és mondani sem kell: mennyei ízű). Akárcsak a többi magyar konyhaművészeti alkotásban, a körözöttben is túlteng a pirospaprika és a vöröshagyma, és lényegében úgy néz ki, mint valami alaposan lesült krémtúró. Szóval, ez a változat kellően csípős ahhoz, hogy virgoncan új életre keltse a jó öreg megunt túrót, melynek még emlékét is elfeledheted. Feltétlenül azon kapod majd magad, hogy a receptje felől érdeklődsz.

A magyarok legeslegnépszerűbb nyári kedvence a lecsó, amit napszámra képesek enni ebédre és

supper, day in and day out, is Letcho ('Lecsó'), the Hungarian answer to vegetable stew: lots of onions browned in, what else, red pepper, with tons of tomatoes, and Hungarian green pepper. Most people carnivorise it by eating it with loads of Hungarian sausage ('kolbász'), but you may find it more to your liking with rice or eggs.

Gulyás and Other Hot Numbers

Indeed the carnivorous, and generally those who wish to sin profusely by violating the laws of supposedly healthy eating, should definitely head for Hungary, to treat themselves to the very rich variety of Hungarian dishes. Most specialities, as you ought to have guessed by now, feature generous amounts of meat, oil and burning hot spices, and are, happily, irresistible to adventurous palates.

Most Europhiles succumb to the mouthwatering delights of Chicken Paprika ('Paprikás Csirke'), pride and joy of the Hungarian stomach. You should be wary though of Szeged Fish Soup ('Szegedi Halászlé'), piping hot and very spicy, often served in flaming, 'personalised' mini-cauldrons. The simple trick of stuffing yourself with huge chunks of fresh bread as you go along, will seriously facilitate the process of coping with the delicious sensation of flames burning right through your body.

Your daring performance will impress Hungarians since they think only they are 'macho' (for 'macho', read 'Hungarian') enough to enjoy an authentic Szeged Fish Soup without the flutter of an eyelid or sharp intake of breath. By no means be distracted by their praise of your bravado – feigned or otherwise – and do not for a moment heed their friendly exhortation to add some more cherry-pepper seeds to your soup! Disaster is bound to follow, and you will end up "swallowing your tears" triggered by the powerful Hungarian spices.

Hungarian empathy for your predicament will be pure pretence. In fact, this is a plain ego-boosting exercise for them: the incident will fill them with

vacsorára egyaránt. A lecsó a zöldségragu magyar változata: jó sok hagyma, mi másban is, mint pirospaprikában pirítva, rengeteg paradicsommal és magyar zöldpaprikával. A legtöbben töménytelen magyar kolbásszal teszik 'húsevők' számára alkalmassá, de esetleg jobban megfelelhet ízlésednek tojással és rizzsel.

Gulyás és más menő mannák

A húsevőknek és egyáltalán, mindazoknak, akik alaposan bűnbe vágynak esni az egészségesnek tartott táplálkozás legtöbb szabályának áthágásával, feltétlenül meg kell célozniuk Magyarországot, hogy a magyar ételek gazdag választékán tartsák jól magukat. A legtöbb ételkülönlegesség, ahogy erre eddig már bizonyára magadtól is rájöttél, nagylelkű adagokban tartalmaz húst, olajat és méregerős fűszereket, s világos, hogy ellenállhatatlan a vállalkozó szellemű ínyencek számára.

A legtöbb eurómán képtelen megtartóztatni magát az ínycsiklandozó paprikás csirkétől, amely a magyar bendő büszkesége és gyönyöre. Vigyáznod kell viszont a tűzforró és méregerős szegedi halászlével, amelyet gyakran 'egyszemélyes', lángoló, mini-bográcsokban szolgálnak fel. Ha ahhoz az egyszerű fogáshoz folyamodsz, hogy kenyérbelet tömsz magadba evés közben, ez nagyban hozzásegít, hogy kibírd az egész testedet feltüzelő lángoló érzés édes élvezetét.

Merész teljesítményed elismerést fog kiváltani a magyarokból, mivel úgy gondolják, hogy csak ők eléggé macsók ('macsó' értsd 'magyar') ahhoz, hogy a hamisítatlan szegedi halászlevet szemrebbenés nélkül tudják élvezni, s közben nem akad el a lélegzetük. Semmi esetre se engedd, hogy a virtusodért kijáró – színlelt vagy valódi – dicséret elterelje a figyelmed, és eszed ágába se jusson engedni a barátságos nógatásnak, hogy tegyél még több erős paprikát levesedbe! Ennek mindenképpen katasztrofális következményei lesznek és a végén „könnyeidet fogod nyelni", hála az éktelenül erős magyar fűszereknek.

Hogy csávába kerültél, az a magyarokból pusztán színlelt együttérzést vált ki. Valójában egyszerű

surreptitious satisfaction, confirming their expectations and sense of superiority. They have proved beyond any reasonable doubt to you, and more importantly to themselves, that they are mightier in coping with the waves of ferocious attack on one's taste buds which they delight in calling 'culinary sensations'.

Hungarians resent – one more thing on their resentment agenda – that their sacred goulash is bastardised around the world. It is not, repeat not, an ordinary sort of peasant stew as the uninitiated may think. Hungarians do boast, thank you very much, a stew of their very own, called 'Pörkölt', which acquires its unique smoky taste by the red peppers covering the onion and garlic being slightly burned – naturally, only Hungarians know just how much.

No, 'Gulyás' – note the Hungarian spelling – is not a stew as is widely believed, but a soup rich enough to knock you out for the rest of the day. This is hardly surprising considering that 'gulyás' means 'cowboy' and the meal was traditionally cooked in huge cauldrons by herdsmen on open fires on the Great Hungarian Plain ('Puszta').

A substantial meal in itself, 'Gulyás' is often followed only by a Hungarian dessert, such as 'Somlói Galuska' (Somló Gnocchi). And what a dessert it is! It parades as an unassuming gnocchi in name, but is deliriously delightful in nature. 'Somlói Galuska' – Somló is a volcanic mountain by Lake Balaton – is a gargantuan dream of chocaholics: chocolate sauce, walnut and vanilla cream, rum and raisins, in a depressingly irresistible pile of chocolate and vanilla cake. Throw yourself into this volcano of decadent delights, then book a visit to your doctor.

Since Hungarian cuisine is rumoured to be changing, those who yearn for goose liver ('libamáj') with spring onions, garlic toast and duck-dripping topped with red pepper and red onion etc., ... should hurry. For Hungarians, hell-bent as they are on proving their European credentials in most everything, this includes their

önbizalom-gerjesztő akcióról van szó az ő számukra: az eset várakozásaikat és fensőbbrendűségüket beigazoló, titkos megelégedettséggel tölti el őket. Minden kétséget kizáróan bebizonyították neked, de ami még lényegesebb, önmaguknak, hogy különbül állják ezeket az ízlelőbimbókra irányuló őrjöngő rohamokat, amelyeket kéjesen 'kulináris élvezeteknek' szeretnek nevezni.

A magyarok komolyan zokon veszik – még egy dolog, amit ki nem állhatnak –, hogy szent gulyásukat mennyire elkorcsosítják szerte a világon. Nem, hangsúlyozzuk, nem holmi egyszerű parasztpörköltről van itt szó, ahogy a beavatatlanok gondolnák. A magyaroknak, köszönik szépen, megvan a maguk különbejáratú pörköltje, amely egyedülálló füstös ízét a pirospaprikában enyhén – hogy pontosan mennyire, azt persze csak a magyarok tudják – megpirított hagymának és fokhagymának köszönheti.

Nem, a gulyás – figyelj a magyar írásmódra – ellentétben a széles körű közhiedelemmel, egyáltalán nem pörkölt, hanem olyan kiadós leves, amely a nap hátralévő részére képes kiütni az embert. De nem is csoda, ha meggondoljuk, hogy a gulyás jelentése 'cowboy', és az ételt hagyományosan a marhapásztorok óriási bográcsokban, nyílt tűzön főzték a nagy magyar pusztában.

Lévén, hogy a gulyás önmagában is elég tömős, utána rendszerint csak valami magyar édességet szoktak fogyasztani, mint amilyen például a somlói galuska. Ez aztán édesség a javából! A nem sokat sejtető galuska név mögött valójában bódítóan élvezetes természet rejtőzik. A somlói galuska – Somló vulkánikus hegység a Balaton mellett – a szenvedélyes csokoládéimádók gargantuai álma: csokoládé öntet, dió és vanília krém, rum és mazsola, egy lehangolóan ellenállhatatlan csokoládé és vanília tortahegyen. Vesd bele magad a dekadens gyönyörök e vulkánjába, majd jelentkezz be az orvoshoz.

Mivel a hírek szerint a magyar konyha változóban van, azok, akik majd meghalnak egy kis jó libamájért friss zöldhagymával; kacsazsíros fokhagymás pirítósért pirospaprikával megszórva, lila hagymával stb. jobb, ha igyekeznek. Mert a magyarok számára, akik életre-halálra el vannak szánva, hogy leginkább mindenben bebizonyítsák európaiságukat, az étkezési szokások is

diet. Like it or not, the health food craze is bound to take on with the usual Hungarian gusto. In fact, it may not be long before visitors are offered spicy muesli instead of espresso five times a day.

idetartoznak. Akár tetszik, akár nem, várható, hogy az egészséges táplálkozás hóbortja a szokásos magyar módi szerint fog kitörni. S meglehet, nem kell sokat várni arra, hogy a látogatókat erős müzlivel kínálják a napi ötszöri fekete helyett.

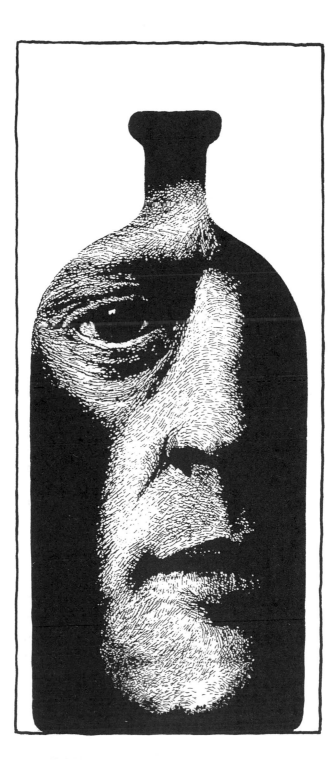

DRINKING

Guaranteed to Kill

Drinking 'espresso' is a national addiction, and all uninitiated Euro-freaks must be forewarned about the acuteness of the disease. On street corners in all parts of the country, you'll find special places called 'Eszpresszó' where you can join Hungarians in their national ritual.

But rigid categorisation of their activities is not for Hungarians. Wherever and whenever, regardless of the time, occasion, or people present – in private or public, for business or pleasure – Hungarians are bound to treat you with their favourite poison. And remember, most often than not, the tinier the cup, the stronger the coffee.

Though they often serve it with a glass of cold water, this will hardly represent a choice for you. At best, it is simply an opportunity to wash down the bitter after-taste of the coffee. Just like their hot spicy dishes, which supposedly only Hungarians themselves can handle with appropriate nonchalance, their espresso is made

IVÁS

Halálbiztos halál

A feketekávé fogyasztása nemzeti szenvedély és minden beavatatlan euró-őrültet jó előre figyelmeztetni kell a járvány súlyosságára. Az ország minden szegletében megtalálhatóak a sarki presszók, ahol csatlakozhatsz a magyarokhoz, amint nemzeti rítusuknak hódolnak.

De a magyarok nem díjazzák, ha szigorúan beskatulyázzák őket. Bármikor és bárhol, időtől, alkalomtól és a jelenlévő társaságtól függetlenül – magánkörben vagy nyilvánosan, hivatalból vagy csak az élvezet kedvéért – várható, hogy megvendégelnek kedvenc mérgükkel. És ne feledd: sokszor minél kisebb a csésze, annál erősebb a kávé.

És noha gyakran egy pohár hideg víz is jár hozzá, igen kevéssé valószínű, hogy ez komoly alternatívát jelentene számodra. A legjobb esetben is egyszerűen csak arra szolgál, hogy leöblítsd a kávé kesernyés utóízét. Méregerős ételeikhez hasonlóan, amelyeket állítólag csak maguk a magyarok képesek kellően hanyag eleganciával elfogyasztani, kávéjuk halálos és

to kill, and consumed with a passion on every conceivable occasion.

"Something more to your fancy...?"

However, your alertness should increase in inverse proportion to the size of what looks like a glass of water. The smaller the glass, the more you should think twice before taking the tiniest sip. Unless of course you wish to be instantaneously knocked out and float in a hazy dream for hours to come.

The water-like substance you have to be wary of – or look forward to with eager anticipation, depending on your preferences and personal history in spirits – is the infamous Hungarian Apricot Brandy. Should you wish to postpone this particular venture into the tantalizing world of hard liquor, a casual smelling of the glass will suffice to confirm your suspicions.

Something to remember is not to make any false assumptions based on the time of day it is served. Traditionally, particularly in the countryside, there is nothing like launching into the day by fortifying/weakening yourself with a 'kupica barack' (a snort of apricot brandy). For the health conscious, you can have a different fruit every day of the week: plum on Monday, cherry on Tuesday, pear on Wednesday and so on. Hungarians nowadays don't fancy being seen as predisposed to spirits, but when it comes to Hungarian Brandy – especially the apricot variety – many still go weak at the knee.

Patterns of hospitality are changing, so you may have to be satisfied with an espresso unless you can cajole your hosts into treating you to a 'kupica magyar pálinka' (a liqueur glass of Hungarian brandy) stashed away in the drinks cabinet.

"Just what the doctor ordered.."

Hungarians will expect you to know all about their fabulous wines, especially about one with a name to turn you off wine for ever: Bull's Blood ('Bikavér').

minden elképzelhető alkalmat megragadnak rá, hogy szenvedélyesen felhörpintsék.

„Megkínálhatom esetleg valami erősebbel...?"

Éberséged azonban fordított arányban kell növekedjék a pohár nagyságával, amely első látásra sima vizet tartalmaz. Minél kisebb a pohár, annál jobban meg kell gondolnod, hogy akár egyetlen cseppet is megkóstolsz-e belőle. Hacsak persze nem akarsz azonnal kiütve a padlóra kerülni és több órán keresztül kusza bódulatban lebegni.

A víznek látszó folyadék, amelytől óvakodnod kell, illetve amely után csillapíthatatlanul sóvároghatsz – attól függően, hogy miként viszonyulsz a rövid italokhoz és melyiket szereted –, a hírhedt magyar barackpálinka. Ha a szívdöglesztő pálinkák világába tett eme kirándulást el akarnád halasztani, elegendő csak éppen beleszagolnod a pohár tartalmába, hogy tudd, mivel állsz szemben.

Jól vésd eszedbe: ne vonj le semmiféle hibás következtetést abból, hogy milyen napszakban kínálják. Hagyományosan, és főleg vidéken, nincs semmi ahhoz fogható, mint hogy egy kupica barackkal erősítve/gyengítve magad rúgd be a napot. Az egészségükre ügyelők naponta más-más gyümölcsöt kóstolhatnak meg: szilvát hétfőn, cseresznyét kedden, körtét szerdán, és így tovább. A magyarok ma már nem szeretik, ha úgy tekintik őket, mint akik hisznek a szellemekben, de ha a magyar pálinkában – kivált a barackváltozatban – lakozó spirituszról van szó, akkor sokuknak még mindig elkezd remegni a térde.

A vendéglátás szokásai változnak, így előfordulhat, hogy meg kell elégedned egy feketével, hacsak le nem veszed a lábáról házigazdádat, hogy kínáljon meg egy kupicával a bárszekrény mélyén rejtegetett magyar pálinkából.

„Épp ezt írta föl az orvos..."

A magyarok elvárják, hogy mindent tudj mesébe illő boraikról, de kivált egyről, amelynek neve örökre elriaszthat a borivástól: a Bikavérről.

White wines from the volcanic soil of the Balaton Highlands ('Balaton-felvidék') boast centuries of history (here we go again!) going back to the Romans who also favoured wine grown here.

It is just Hungarians' bad luck that, for example, Californian wine should compete with their own in the European market, when in fact those Californian vineyards were originally planted with Hungarian wine-shoots, by Hungarians. There you go again; something else to resent (but, there again, wouldn't you under the circumstances?)

If you are presented with a medieval-looking pharmaceutical bottle to drink from, do not despair. On the contrary, on opening it you will smell a deliciously intoxicating bouquet and your taste buds will go wild from the smallest drop of it. Modestly referred to by Hungarians as the "King of Wines, the Wine of Kings", the famous 'Tokaji Aszú' (Hungarian port, referred to simply as 'Aszú') is a most delectable dessert wine from the mountains of Tokaj. It is commonly referred to, and marketed, as 'medicine', but, as a matter of fact, this magic potion with the golden glow is divine nectar. As always, this humble Hungarian comment about the royal pedigree of their wine is based on history: Peter the Great, Czar of Russia, for example, made sure his port was secured from Tokaj.

Another 'medicine' Hungarians will offer you to round off the trials of a meal is 'Unicum' or 'Zwack-Unicum'. Like Aszú, Unicum comes in a little medicine-like bottle, with a huge golden red cross on it to make its message absolutely clear. Without a doubt, Unicum 'outbitters' any bitter medicine and, perhaps for this reason, Hungarians swear by it as a panacea for all ills.

A Balaton-felvidék vulkanikus talaján érlelt fehérborok százados múltra (témánál vagyunk!) tekintenek vissza, már a rómaiak is szívesen termesztettek szőlőt errefelé.

Tipikus magyar balszerencse, hogy például kaliforniai borokkal kell versenyezniük az európai piacon, amikor valójában azokat a kaliforniai szőlőket eredetileg magyar szőlővesszőkből magyarok ültették. Újfent helyben vagyunk; még valami, amit zokon lehet venni (de másfelől, te nem éreznél ugyanígy hasonló körülmények között?)

Ha egy középkori gyógyszeres üveg kinézetű palackból kínálnak inni, ne ess kétségbe. Ellenkezőleg, ha kinyitod, gyönyörűségesen bódító illatokat fogsz érezni és ízlelőbimbóid a legkisebb csöppjétől is elalélnak. A magyarok szerényen csak úgy hívják: „a borok királya, a királyok bora", a híres Tokaji aszú (egyszerűen csak aszúként szokás emlegetni) a legélvezetesebb desszertbor Tokaj hegyeiből. Rendesen csak 'gyógyírként' emlegetik és forgalmazzák, de meg kell hagyni, hogy ez az aranyosan csillogó bájital valóban isteni nedű. Mint mindig, ez a boruk királyi pedigréjéről szóló szerénykedő magyar kijelentés is, történelmi tényen alapul: Nagy Péter, orosz cár például ragaszkodott hozzá, hogy Tokajból hozassa a bort magának.

Egy másik 'gyógyszer', amellyel a magyarok megkínálhatnak a többfogásos étkezés megpróbáltatását lezárandó, az Unicum vagy Zwack-Unicum. Akárcsak az aszú, az Unicum is gyógyszeres üveghez hasonló palackban lakozik, amelyen óriási aranyló vörös kereszt látható, csak hogy az üzenet abszolút világos legyen. Kétségtelen, hogy az Unicum keserűségben bármelyik keserű orvosságon kifog, s meglehet ezért, a magyarok esküsznek rá, hogy minden bajra gyógyír.

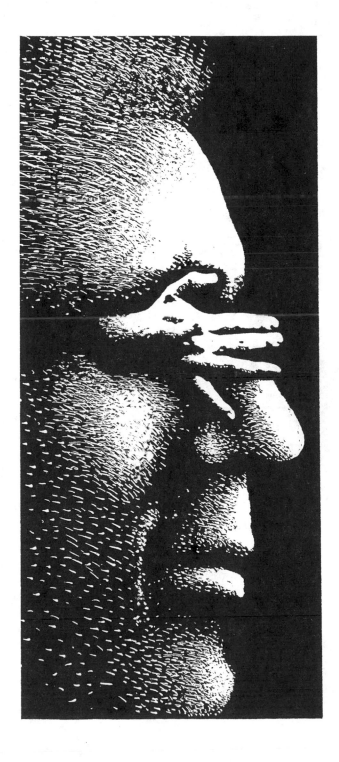

Music Education ...
for Perfect Harmony

Hungarians see themselves as, among many other things, highly musical. On top of that, music education and singing are, thanks to Kodály's winning idea that singing makes you happier, healthier, and generally perfect in all things, a compulsory part of the Hungarian school curriculum.

During their school years, Hungarians go through the uplifting experience of the Kodály method: singing ad nauseam; solmization, choral singing, general musical literacy and such like. Steer away from school yards, since, should you wander into one, you are bound to be exposed to raucous, zealous singing or discordant music directed at you through the windows.

Language Learning Galore

Foreign language learning is a marathon exercise for Hungarians. From toddlers to pensioners, Hungarians cultivate a lifelong involvement in learning a foreign

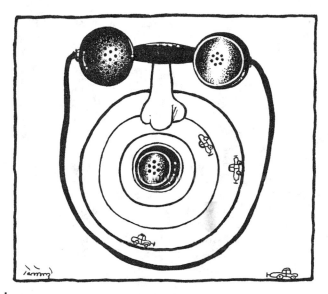

INTÉZMÉNYRENDSZEREK

Zeneoktatás...
a tökéletes összhang jegyében

A magyarok – sok egyéb mellett – a zenében is kiemelkedőnek tekintik magukat. Ezen túl pedig a zenei oktatás és éneklés kötelező része a magyar iskolai tananyagnak, Kodály pompás elképzelésének hála, miszerint az éneklés boldogabbá, egészségesebbé és egyáltalán, tökéletessé teszi az embert.

Iskoláséveik alatt a magyaroknak osztályrészül jut a Kodály-módszer felemelő élménye: éneklés csömörig; szolmizálás, éneklés kórusban, általános zenei ismeretek és ehhez hasonlók. Kerüld el az iskolaudvarokat, mert ha véletlenül mégis betévednél valamelyikbe, bizton számíthatsz rá, hogy az ablakokon keresztül önfeledt kornyikálás vagy disszonáns zene hangjai fogják megütni füledet.

Nyelvtanulás rogyásig

Az idegen nyelvek tanulása maratoni sport a magyarok számára. Az óvodásoktól a nyugdíjasokig a magyarok egész életük során előszeretettel tanulnak

language, preferably several simultaneously. A lot of them spend enormous amounts of money, time and energy on ever-changing fads in languages and language learning methods.

The results are not exactly spectacular and, as illustrated by the following popular Hungarian joke, you should not expect to converse with simply any passer-by in a language of your choice:

A foreigner is trying to get some directions from two traffic wardens. She tries to communicate in English – no response. Neither German, French nor Spanish moves the Hungarians to any utterance whatsoever. In a last ditch effort, the tourist tries some Russian, also in vain. In desperation she leaves. The traffic wardens, relieved, look at each other. One of them remarks: "Perhaps, after all, we should be able to speak a foreign language, don't you think?" "What on earth for?", quips the other. "This woman spoke five languages, and it didn't do her any good, did it?".

Having said that, once they have got the hang of it, Hungarians are often remarkably apt communicators in a foreign language. Although they retain some Hungarian accent and intonation – besides a powerful body language – their English or French, for example, is not half as much fun to interpret as that of a French person feigning English, or the other way round. The Beatles and the Rolling Stones have done their bit for the somewhat dented British Empire; and, indeed, English is the language you are most likely to have some success with in accosting young Hungarians on the street.

In addition, now that German is no longer imposed on Hungarians, they invest formidable energy in learning it. Though they rather like to feel they are doing it voluntarily, in fact there is a different sort of imposition, more authoritative and efficient than any imperial order: the 'muss' of business.

The commonly made assumption that Russian will get you by in Hungary is totally misplaced. Russian is not a compulsory language any more

idegen nyelvet, lehetőleg többet is egyszerre. Sokan rengeteg pénzt, időt és fáradságot fordítanak arra, hogy kövessék a nyelvek és nyelvtanulási módszerek állandóan változó hóbortjait.

Az eredmény azonban nem kifejezetten fényes, és amint az az alábbi népszerű magyar viccből is kiderül, nem számíthatsz rá, hogy a járókelőkkel csak úgy szóba elegyedhetsz az általad választott nyelven:

> Egy külföldi nő két közlekedési rendőrhöz fordul útbaigazításért. Megszólítja őket angolul – semmi válasz. Majd németül, franciául és spanyolul, de a magyarokból továbbra sem sikerül egy hangot sem kicsikarni. Végül, utolsó mentsvárként a turista az orosszal próbálkozik – mindhiába. A nő kétségbeesve odébbáll. A közlekedési rendőrök, fellélegezve egymásra néznek. Egyikőjük így szól: „Lehet, hogy mégsem ártana, ha beszélnénk valami idegen nyelvet, nem gondolod?" „Mi a túrónak?", vág vissza a másik. „Ez a nő öt nyelvet beszélt, aztán mire ment vele, nem igaz?"

Mindemellett a magyarok, ha már egyszer ráéreztek az ízére, gyakran ragyogóan adják elő magukat idegen nyelveken. Jóllehet megőriznek némi magyaros kiejtést és hanglejtést – a heves gesztikulálás mellett –, angoljuk és franciájuk kibogozása például fele annyi élvezetet sem nyújt, mint amikor egy francia úgy tesz, mintha angolul beszélne, vagy fordítva. A Beatles és a Rolling Stones megtették a magukét a némileg rozoga brit birodalomért; és valóban az angol az a nyelv, amellyel a legvalószínűbb, hogy némi sikerrel jársz, ha fiatalokat szólítasz meg az utcán.

Továbbá, most hogy a német többé már nem kötelező, a magyarok jelentős energiákat feccölnek bele. Jóllehet leginkább azt szeretik hinni, hogy mindezt önszántukból teszik, valójában létezik egy másik, a birodalmi rendeletnél is erősebb és hatékonyabb kényszer: az üzleti 'muss' (muszáj).

Az a közhiedelem, hogy az orosszal elboldogulsz Magyarországon, gyökeresen téves. Az orosz többé nem kötelező – mint ahogy volt zsenge 12 éves kortól

from the tender age of 12 through to one's PhD – not that it was a roaring success with Hungarians in any case. As with German, some people may now actually learn it, unlike before. Give it a few years and if you are trying to locate someone able to communicate in Russian, you will not be quite as hard-pressed as at present. In short, considering the hundreds of thousands of Hungarians supposedly learning Russian for the past forty years, the results are mightily impressive.

Telephones

The telephone system, rather the lack of it, used to be one of the worst aggravations in Hungary. This has been particularly so since Hungarians, whether in business or private matters, are like high-flying American executives: the way they keep in touch is by getting on the phone (that is to say, those who are blessed with a line) rather than going to the trouble of dropping a line. Thank-you notes are virtually non-existent and, though not due to any commitment to save rain forests, Hungarians practise the birthday card ritual to a modest degree only.

"Hello, this is Dead Parrot speaking... get off the line!"

So the fabulously restricted, low-tech phone network became seriously overburdened. Where else could a satirical sketch about someone trying to call a hardware store to enquire about a blender achieve cult status? Just like Monty Python's famous 'Dead Parrot' sketch, 'Hello, hardware store?' ('Halló, Vasedény?') became a big hit. Indeed, so successful was it, that by now, the dialogue is part of the national consciousness: a word of it is enough for people to fall about with hysterical laughter. And all this is about the simple and, for most people, not straightforward act of picking up the phone.

Well, to start with there is not necessarily something to pick up – Hungarians used to register their names for a telephone, in line with the English tradition of registering newborn babies to secure a place for them at a top public (i.e. private) school.

egészen a doktori vizsgáig –, nem mintha valaha is kirobbanó sikere lett volna a magyaroknál. Most azonban, akár a német esetében, még az is előfordulhat, nem úgy, mint korábban, hogy egyesek valóban megtanulják. Adj még néhány évet, s akkor már nem lesz olyan pokolian nehéz találnod valakit, aki képes oroszul beszélni. Egyszóval, ha meggondoljuk, hogy az elmúlt negyven esztendőben több százezer magyar állítólag tanult oroszul, az eredmény elképesztő.

A telefon

A telefonrendszer, jobban mondva a hiánya, mindmostanáig a legidegtépőbb állapotokat idézte elő Magyarországon. Kivált, mert a magyarok, legyen szó akár üzleti, akár magánügyekről, éppúgy viselkednek, mint a nagymenő amerikai üzletemberek: kapcsolatot tartani inkább telefonon szeretnek (már akinek van), semmint venni a fáradságot, hogy megeresszenek egy pár sort. A köszönő levelek műfaja lényegében hiányzik, s a születésnapi üdvözlőlapok rítusát is csak módjával gyakorolják – nem mintha a legkevésbé is el lennének kötelezve a trópusi őserdők védelme mellett.

„Halló, Vasedény? ... lépj ki a vonalból!"

Így hát, a mesésen korlátozott, elavult telefonhálózat alaposan túlterhelődött. Hol másutt vált volna a kívánságműsorok visszatérő slágerévé a rádiókabarénak egy száma valakiről, aki a Vasedényt akarja hívni turmixgép ügyben? Akárcsak Monty Python híres 'Döglött papagáj' száma, a 'Halló, Vasedény?' is bombasiker lett. Olyannyira, hogy a jelenet mára már a nemzeti köztudat részévé vált: egy szó is elég belőle, hogy az emberek dőljenek a hisztérikus röhögéstől. És mindez a telefonálás szimpla, de sokak számára nem is olyan egyszerű aktusáról szól.

Nos, először is, nem biztos, hogy van telefon – a magyarok azelőtt úgy iratkoztak telefon-várólistára, mint ahogy egyes angolok íratják be az újszülöttet, hogy helyet biztosítsanak neki egy menő magániskolában.

Some cynics have attributed the remarkable abundance of doctors in Hungary to the policy of preferential treatment given to their phone application – only, of course, for the benefit of the public at large! Now that registrations are, allegedly, processed in strict order of receipt, declaring that you are one of thousands of doctors who people need to get hold of on the phone in an emergency, is no longer justification for jumping the queue to have a line installed.

Thus the days of social factors (such as claiming membership of the prestigious medical profession) carrying weight in seeking to secure a phone ahead of others, are gone. The hard-nosed commercial alternative is to buy telephone bonds. This is an excellent investment considering they guarantee you'll, hopefully eventually, become the proud owner of a telephone line.

The timeframe of the deal, though, may come as a slight shock if you are used to getting your phone installed within three days. In Hungary you will have a unique chance to exercise the virtues of patience and long-term planning since it can take three years before the bonds achieve the same result as giving a quick buzz to a telephone company in some more fortunate parts of Europe.

The divinely-appointed day when the telephone is installed may not only trigger off 'hallelujahs' but profuse cursing as well. Potential irritation points include your 'twin' (another number, often a neighbour's, allocated to the same line) monopolizing the line, or knocking on your door to request you stop chatting on the phone at once since they have more urgent business to conduct than yours can possibly be.

The hit cabaret sketch mentioned above capitalises on the hilarious discourse and confusion created by several lines being unexpectedly linked. People totally unknown to each other, with very different character and purpose, find themselves tele-conferencing, eavesdropping, and, inevitably, getting drawn into intimate discussions. In this popular Hungarian telecommunication game of 'Get off

Egyes cinikusok szerint, annak oka, hogy doktorokban oly feltűnően bővelkedik az ország, nem más, mint hogy előnyben részesítették őket a telefonkérvények elbírálásánál – természetesen csakis a nagyközönség érdekében! Manapság azonban, amikor a listára, állítólag, szigorúan a kérvények beérkezésének sorrendjében lehet felkerülni, annak hangoztatása, hogy egyike vagy az ezernyi doktornak, akit a páciensek el kell hogy érjenek telefonon sürgős esetben, többé már nem jogalap, hogy soron kívül beszereljék a telefonodat.

Elmúltak tehát azok az idők, amikor még a társadalmi helyzet (mint például az, hogy a tekintélyes orvosi szakmához tartozol) szerepet játszott abban, hogy másoknál hamarabb juthass telefonhoz. A könyörtelen üzleti alternatíva – telefonkötvények vásárlása. Kiváló befektetés, hiszen garantálja, hogy végül is remélhetőleg egy telefonvonal büszke tulajdonosa leszel.

Az ügylet időtartama azonban enyhe sokként érhet, ha ahhoz vagy szokva, hogy három napon belül beszerelik a telefonodat. Magyarországon egyedülálló alkalmad nyílik majd a türelem és a hosszú távú tervezés erényeit gyakorolni, mivel három esztendőbe is beletelhet, amíg a kötvények elérik ugyanazt az eredményt, mint ha odacsörögsz egy telefontársaságnak Európa egyes szeren-csésebb tájékain.

A telefon beszerelésének istenadta napja azonban nem feltétlenül csak hallelujázásra, hanem cifra káromkodásra is ihlethet. Idegborzoló élmény lehet az 'iker' (egy másik szám, általában a szomszédé, ugyanarra a vonalra kapcsolva), aki rátelepszik a vonalra, vagy bekopogtat hozzád, hogy azonnal hagyd abba a fecsegést a telefonon, mert nekik sokkal sürgősebb ügyet kell lebonyolítaniuk, mint amilyen a tied egyáltalán lehet.

A fent említett nagysikerű kabarészám a váratlanul összegabalyodó vonalak által keltett zűrzavart és mulatságos szóváltást aknázza ki. Egymás számára teljesen ismeretlen, különböző jellemű és mást-mást akaró emberek azon kapják magukat, hogy telefonos konferencián vesznek részt, belehallgatnak, majd óhatatlanul bele is merülnek mások meghitt beszélgetéseibe. A 'Lépj ki a vonalból...!' nevű

the line...!', stamina, patience and, above all, good humour are of the essence.

Try to adjust the timing of your calls to a well-considered assessment of the hue and density of clouds in the sky. Don't bother attempting to make a call, for instance, after a heavy shower. Many of the lines will be flooded, but you should not worry since, with just a little bit of luck, it will take only a day or two for them to be back to normal.

The sad news is that Hungarians have, for some time now, been gearing up for the most up-to-date and sophisticated telecommunications system. Thus it seems destined to become just as boringly efficient and reliable as anywhere else in Europe, which will then take all the fun out of making a phone call.

Highway Code

The Hungarian Highway Code takes the ultimate purist view on drinking-and-driving: drivers are not allowed even a single drop of booze. This law is reinforced with frequent and random breath-testing, often at the most ungodly hours and unforeseen places.

The problem this presents to Hungarians, who cannot imagine having a social gathering of any sort without alcohol of some sort, is considerable. The solution for many is to negotiate the driver's role while still sober. Since women are often delegated (read relegated) to this much sought-after role, the preponderance of female drivers on Hungarian roads may be just as much a statement about male chauvinism as any achievement on the part of feminists – who, in any case, appear to be precious few and far between.

Speed Enforcement with Artistic Flair

Speeding in cities as well as on motorways is taken seriously, if not by anyone else, at least by the police. They are a caring lot with an artistic flair: they may well surprise you with a lovely, unsolicited photograph of you in your car, with the date, time,

népszerű magyar telekommunikációs játékban kitartásra, türelemre, és mindenekelőtt jó humorra van elengedhetetlen szükség.

Próbáld meg hívásaidat a felhők színárnyalatának és sűrűségének jól megfontolt becslésére támaszkodva időzíteni. Meg se próbálj telefonálni például heves felhőszakadás után. Sok vonal el lesz ázva, de nem kell aggódnod, mert ha egy kis mázlid van, alig egy-két napig tart, amíg kijózanodnak.

Az viszont lehangoló hír, hogy a magyarok most már egy ideje kezdenek átállni a legmodernebb és legbonyolultabb telekommunikációs rendszerre. Úgy tűnik tehát, elkerülhetetlen, hogy ez is ugyanolyan unalmasan hatékonnyá és megbízhatóvá váljon, mint bárhol máshol Európában, s többé nem lesz semmi édes izgalom abban, ha az ember telefonálni akar.

KRESZ

A magyar KRESZ a lehető legortodoxabb nézeteket képviseli a vezetés és a szeszesital viszonyáról: autókázás közben egy csöpp itóka sem fogyasztható. A törvénynek gyakori véletlenszerű szondázásokkal szereznek érvényt, sokszor a legistentelenebb órákban és legváratlanabb helyeken.

Ez a törvény komoly dilemma elé állítja a magyarokat, akik elképzelhetetlennek tartanak bármiféle társas összejövetelt valamiféle alkohol nélkül. Sokak számára a megoldás az, hogy még józanul megállapodnak, ki fog vezetni. S mivel igen gyakran a nőkre bízzák (értsd: rájuk hárítják) ezt az igen irigylésre méltó szerepet, a női vezetők túlsúlya a magyar utakon értelmezhető a férfi sovinizmus megnyilvánulásának éppúgy, mint a feministák vívmányának, akiknek egyébként komoly ritkaságértékük van.

Sebességellenőrzés: művészi móka

A városi és országúti gyorshajtást komolyan veszik, ha más nem, hát a rendőrség. Gondoskodó népek a rendőrök, művészi hajlammal megáldva: könnyen megeshet, hogy meglepnek egy kedves, kéretlen fotóval rólad, amint az autódban ülsz, a képre rápecsételve a dátum, az időpont és az autó sebessége, mint a (szerinted természetesen

and speed stamped on the photograph, as hard evidence for the (doubtless, in your view, unwarranted) fine you have to pay. In the extremely unlikely case your travelling companion is someone you would not want your partner to know about, you are advised to keep well within the speed limits.

Urban Orienteering

Do not expect to be able to park anywhere in the downtown area: the heart of Budapest is off-limits to cars. This pedestrian zone makes the downtown experience – whether for shopping, eating out, entertainment or office work – a drivers' survival challenge indeed.

Once you have proved your driving credentials, general orientation skills and alertness by hunting down and squeezing into a parking space in the narrow neighbouring streets, you are bound to enjoy your well-deserved, down-town walk along mostly pollution-free areas.

Public Transport: variety is the spice of life... or is it?

Bus, trolley bus, tram, train, underground, chair-lift, cable-car, river boat, horse and carriage: you name it, public transport comes in all shapes and sizes in Budapest. Hungarians do not just have a tube system ('Metro') like any ordinary metropolis, but an underground line which was the first to be built in continental Europe. The Hungarian answer to English double-deckers is articulated buses: one engine with two carriages loosely joined in the middle with some elastic is great fun – especially for passengers standing in the seam – when the bus speeds along bumpy, winding roads.

What's more, regardless of its format, Hungarian public transport reassuringly conforms to EC regulations of capricious behaviour. If you have been waiting with a crowd of people for what seems ages (another long-standing Euro tradition), you can rest assured at least four of whatever you are waiting for will suddenly turn up in double tandem.

jogosulatlan) kifizetendő bírság kézzelfogható bizonyítéka. Abban a rendkívül valószínűtlen esetben, ha útitársad olyasvalaki lenne, akiről nem szeretnéd, hogy partnered tudomást szerezzen, ajánlatos jócskán betartanod a sebességhatárokat.

Városi tájékozódási verseny

Ne reméld, hogy bárhol a belvárosban parkolóhelyet találsz: Budapest szíve el van zárva az autósforgalom elől. Ezektől a sétálóutcáktól lesz a belváros igazi embert próbáló kaland az autósok számára, lett légyen szó akár vásárlásról, akár étteremlátogatásról, szórakozásról vagy hivatali munkáról.

Miután tanúbizonyságot tettél vezetési és általános tájékozódási képességeidről, valamint szemfülességedről, és megcsípsz egy parkolóhelyet, ahová bepréseled magad a környékbeli szűk utcácskák valamelyikében, bizonyára élvezni fogod jól megérdemelt belvárosi sétádat a környezetszennyezéstől jórészt mentes környéken.

Tömegközlekedés: változatosság az élet sava-borsa... vagy mégsem?

Busz, troli, villamos, vonat, metró, libegő, felvonó, vízibusz, fiáker: ami szem-szájnak ingere, a tömegközlekedés minden alakban és méretben fellelhető Budapesten. A magyaroknak nemcsak amolyan egyszerű metrórendszerük van, mint más prózai metropoliszoknak, hanem olyan földalatti vonaluk, amelyet elsőként kezdtek el építeni az európai kontinensen. Az angol emeletes buszok magyar változata a csuklós busz: egy motor két kocsiszekrénnyel, melyeket középen valami gumival lazán összekötnek; nagy élmény – főként a csuklós részben állóknak – amikor a busz zötyögős, kanyargós utcákon száguld.

Mi több, bármilyen formában leleddzen is, a magyar tömegközlekedés megnyugtatóan megfelel a szeszélyes viselkedésre vonatkozó közös piaci szabályozásnak. Ha úgy tűnik, hogy már időtlen idők óta vársz a tömegben (egy újabb ősi európai hagyomány), biztos lehetsz benne, hogy amire vártok, az végül is négyesfogatként bukkan majd fel váratlanul.

Line up or Lounge about?

The Hungarian attitude to queuing for public transport is appropriately temperamental. The English passion for standing in an orderly line like slumbering sheep is too tedious and unimaginative for them. Instead, Hungarians lounge about in apparently haphazard fashion in the general vicinity of the bus stop.

This sort of 'loitering with intent', a criminal offence in England, is perfectly acceptable behaviour in Hungary, but should not delude you for a second. When the great moment comes, people lounging about summon every ounce of adrenalin and creativity to jostle on the bus when you have just started to think about getting on. Don't despair though: with some focused practice and improving your reflexes and stamina, you should stand a reasonable chance of squeezing yourself on the next means of transport you wish to use.

Once you have actually managed to get on, do not expect to be able to buy a ticket. Most Hungarians have a monthly or annual pass, or else buy their ticket beforehand in tobacconists or bus kiosks. The Hungarian travelling public is self-reliant, plans ahead and copes without the time-consuming and wearisome business of conductors, who have been replaced by little gadgets on buses and trams to punch the tickets with yourself.

In case you get stuck in the crowd too far from the ticket-puncher, you can count on the long-suffering loyalty and co-operation of your fellow-passengers to pass your ticket from one to the other until it reaches its destination and is punched for you by a public-spirited fellow-passenger. Now the validated ticket can happily start its journey back to you. And the further good news is that, normally, it should reach you just before you get off.

The occasional plain-clothes ticket inspector makes sure that the amount of revenue lost to fare dodging is a mere double or so that of more elaborate systems complete with armies of conductors.

Sorban állni vagy körgyelegni?

A magyarok kellően temperamentumos módon viszonyulnak a sorban álláshoz a megállókban. Az az angol szenvedély, hogy jámbor birkaként fegyelmezett sorban várakoznak, túlságosan unalmas és bornírt a magyarok számára. Ők inkább teljesen ötletszerűen őgyelegnek a buszmegálló környékén.

Ez a típusú 'gyanús ólálkodás', amely büntetendő cselekmény Angliában, tökéletesen elfogadott magatartás Magyarországon, de nem kell, hogy egy szemhunyásnyira is félrevezessen. Amikor elérkezik a nagy pillanat, az őgyelgők összeszedik minden csepp adrenalinjukat és találékonyságukat, hogy megrohanják a buszt, míg neked éppen csak derengeni kezd, hogy fel kéne szállni. De ne búsulj: némi koncentrált gyakorlással és reflexeid meg kitartásod fejlesztésével meglehetős esélyed lehet, hogy a következő járműre fel tudsz préselődni.

Ha már egyszer sikerült felkászálódnod, arra ne számíts, hogy jegyet vehetsz. A legtöbb magyarnak havi vagy éves bérlete van, illetve előre megveszik jegyüket a trafikban vagy a jegypénztárban. A magyar utazóközönség öntevékeny, előrelátó és elboldogul a kalauzok időigényes és fáradságos intézménye nélkül is, akiket kis jegylukasztó ketyerék helyettesítenek a buszokon és villamosokon; ezeken magad kezelheted a jegyet.

Ha a tömegtől nem tudsz közel férkőzni a jegylukasztóhoz, számíthatsz utastársaid béketűrő lojalitására és együttműködésére, akik egymásnak adogatva juttatják el jegyedet rendeltetési helyére, és ott kilukasztja neked egy közösségi érzéstől vezérelt utastárs. A kezelt jegy most boldogan megkezdheti visszaútját. A további jó hír az, hogy általában el is jut hozzád, még mielőtt le akarnál szállni.

Az időnként feltűnő, civilruhás ellenőrök gondoskodnak arról, hogy a bliccelők miatt elveszített éves bevétel nagyjából csak a duplája legyen annak az összegnek, amelybe kalauzhadseregeket mozgósító bonyolultabb rendszerek működtetése kerülne.

INNOCENT BEFORE THE LAW?

'Presumed Guilty'

In England you are, or so it is widely believed, presumed innocent until proved otherwise – really, how boring can you get? In the Hungarian judicial practice, rest assured you have a decent chance of being presumed guilty unless you can prove your innocence. Naturally this is a lot more fun for all parties concerned.

The Hungarian way, as you will readily appreciate, undoubtedly has substantial benefits which are hard to beat: to start with, it provides everyday run-of-the-mill routines with much needed thrill and excitement.

Benefit of Doubt: not on

In the, naturally unlikely, case of travelling on public transport without a valid ticket and bumping into a ticket inspector, you must be prepared to pay the fixed penalty without any

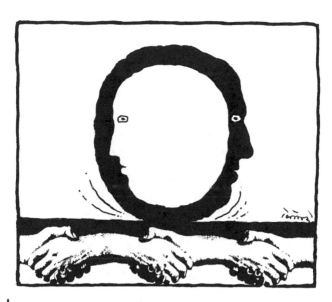

TÖRVÉNY ELŐTT ÁRTATLANUL?

'A bűnösség vélelme'

Angliában az általános közhiedelem szerint mindaddig ártatlannak tartanak, amíg az ellenkezője be nem bizonyosodik – nos, ki hallott már ennél unalmasabb dolgot? Megnyugodhatsz afelől, hogy a magyar joggyakorlatban jó esélyed lehet arra, hogy mindaddig bűnösnek tekintenek, amíg be nem sikerül bizonyítani ártatlanságodat. Ez természetesen sokkal nagyobb élvezetet nyújt minden érintett fél számára.

A magyar eljárásnak, könnyen beláthatod, kétségtelenül alapvető és nehezen felülmúlható előnyei vannak: legalábbis biztosítja az átlagos napi rutinból annyira hiányzó kellemes borzongást és izgalmat.

Jóhiszeműség: kizárva

Abban a természetesen valószínűtlen esetben, ha érvényes jegy nélkül utaznál valamilyen járművön és ellenőrbe botlasz, el kell rá készülnöd, hogy minden

further ado. Excuses and explanations, however imaginative or truthful, cannot get you off the hook.

Now, travelling without a valid ticket in England means that you must simply buy a ticket from the inspector, or pay an excess fare at the exit, without any further explanation or penalty. Your unblemished innocence is taken for granted: there must have been a good reason why you do not have a ticket, or not quite the proper one. And in all fairness, who can prove that you were not going to sort out your ticket at or before the end of your journey?

Under the Hungarian system, you do not need to do any explaining either. Whatever you say, the upshot of it all remains the same: the fact that you cannot demonstrate your innocence – not beyond any reasonable doubt, but far beyond – is more than sufficient evidence for you to be deemed, rather doomed to be, inexcusably guilty. In short: pay up.

Go Hungarian – the English Do So Already

Funnily enough, in April 1994 the English authorities, perhaps at last on their way to becoming more European, and presumably without the benefit of having read this book, took their cue from Hungary by introducing an on-the-spot fine for non-ticket holders on the London underground – ample proof, if such were needed, of the delights of becoming European by going Hungarian.

Saved Against Your Will

It is also not worth your while arguing with the police who cruise Lake Balaton in patrol boats. They are there to protect you, and by golly they will, even in spite of your will if they deem it necessary.

In some other parts of the world, during a hurricane-alert swimmers and surfers have a whale of a time enjoying the huge waves, at their

teketória nélkül rögtön kifizesd a kirótt büntetést. És bármilyen leleményes mentségekkel vagy hiteles magyarázatokkal állj is elő, nem úszhatod meg szárazon.

Ha érvénytelen jeggyel utazol Angliában, akkor ez mindössze azt jelenti, hogy az ellenőrtől kell megvenned a jegyet, vagy a kijáratnál kifizetned a pótdíjat minden további magyarázkodás vagy büntetés nélkül. Makulátlan ártatlanságod eleve készpénznek veszik: biztos komoly okod van rá, hogy nincs jegyed, vagy hogy nem pont olyan van, amilyen kellene. És legyünk méltányosak: ki bizonyíthatná be, hogy nem akartad rendezni jegyedet valamikor az utazásod során vagy a végén?

A magyar rendszerben sem kell magyarázkodnod. Bármit mondasz is, az eredmény ugyanaz: az a tény, hogy képtelen vagy bizonyítani – minden ésszerű kétségen felül, és ezen jóval túl – ártatlanságodat, több mint elegendő bizonyíték arra, hogy menthetetlenül bűnösnek találtass, sőt, ítéltess. Röviden: fizess, mint a köles.

Csináld magyarul – ahogy az angolok

Furamód, 1994 áprilisában az angol hatóságok, talán abbeli igyekezetükben, hogy végre európaiabbak legyenek, és feltehetőleg anélkül, hogy ez a könyv már épülésükre szolgálhatott volna, a magyarok nyomdokaiba léptek azzal, hogy bevezették a jegy nélkül utazók helyszíni bírságolását a londoni metrón; pazar bizonyítéka
– ha egyáltalán kellene erre bármiféle bizonyíték is –
annak, hogy micsoda gyönyörökkel jár,
ha magyar módra leszel európai.

Eszi, nem eszi, megmentik

A Balatonon cirkáló rendőrjárőrökkel úgyszintén nem érdemes vitába keveredned. Azért vannak ott, hogy vigyázzanak rád, s az istennek is megvédenek, ha úgy látják jónak, ha tetszik, ha nem.

Vannak olyan tájékai a világnak, ahol hurrikánveszély idején az úszók és szörfösök saját felelősségükre úszhatnak a gyönyörben, ha élvezkedni akarnak az

own risk. In Hungary, when there is a storm about to hit the deceptively calm waters of Lake Balaton, rockets are fired and red baskets hoisted to keep holiday makers out of the water. However this is also the signal for the adventurous, those with a death wish and/or authority problem, to head for the lake as the waves build up to immense heights.

The police also enjoy flaunting their machismo in attempting to control nature gone wild, since this seems to be their preferred time for patrolling the lake. They fish out whoever they find enjoying the same game of trying to outsmart nature. (There are 500 or so successful rescues annually, of which around 300 are credited to the police, the rest carried out by amateurs.)

Regardless of your wishes, the police will do their utmost to prevent you in any attempt to up the annual death statistics of Lake Balaton. With a death-rate from drowning and cardiac arrest hovering around 50 souls per annum, Lake Balaton, despite its gentle image, is indeed sufficiently hazardous to deserve the accolade, 'Hungarian Sea'.

'My ID is My Bond'

Just think of the continuous delight in being the proud owner of an identity card – card is an understatement for the hefty little booklet – with your very own card number as well as your own Personal Identification Number. Now, this P.I.N. has nothing in common with the P.I.N. you are used to as a private code to access bank cashpoints. It is no less than the people themselves you access with the P.I.N. in Hungarian ID cards, on contracts and other such formal documents. A glance at a P.I.N. will reveal a person's age and gender:[1] denotes men (who else?); [2] appropriately indicates second rate citizens, aka women. Thus, anyone with a less rigid categorisation of gender, including hermaphrodites, experiences a real challenge with this cut-and-dried system.

óriási hullámokon. Magyarországon, amikor vihar készül lecsapni a Balaton csalókán nyugodt vizeire, jelzőrakétákat lőnek fel, és árbocra húzott piros kosárral tartják távol a nyaralókat a víztől. De ugyanez a hívójel azoknak a kalandvágyóknak, akiket vonz a halál és/vagy taszít a tekintélyelv, hogy nekiinduljanak az óriásira korbácsolódó hullámoknak.

A rendőrök is élvezik férfiasságuk fitogtatását, miközben a megvadult természetet igyekeznek megzabolázni, hiszen úgy tűnik, leginkább vihar idején szeretnek járőrözni a tavon. S a többieket, akik szintén azzal szórakoznak, hogy próbálnak túljárni a természet eszén, válogatás nélkül kihalásszák. (Évente körülbelül ötszáz sikeres mentés történik, ebből háromszáz a rendőrök műve, a többit amatőrök követik el.)

Akaratodat semmibe véve a rendőrök mindent meg fognak tenni azért, hogy megakadályozzanak az éves balatoni halálozási statisztika rontásában. Tekintve, hogy évente mintegy ötvenen veszítik életüket fulladás vagy szívroham következtében a tóban, a szelídnek látszó Balaton tényleg elég veszélyes ahhoz, hogy kiérdemelje a 'magyar tenger' büszke címet.

'Személyim kötelez'

Gondolj csak bele, micsoda állandó gyönyörűséget jelenthet, ha valaki egy személyazonossági igazolvány – mit igazolvány, egy egész takaros kis könyvecske – öntudatos tulajdonosa lehet, saját különbejáratú személyazonossági igazolvány számmal és személyi számmal. Ennek a személyi számnak azonban semmi köze ahhoz a P.I.N. számhoz, amelyet személyi azonosítóként szokás használni a bankok utcai készpénzfizető automatáihoz. A személyi szám a magyar személyazonossági igazolványban nem kevesebbhez, mint magukhoz a személyekhez biztosít hozzáférést, például szerződéseken és más hasonló hivatalos iratokon. Elég egy pillantást vetni a számra, hogy megtudd az illető korát és nemét: az [1] férfit (ki mást?) jelent; míg a [2] ennek megfelelően a másodosztályú állampolgárokat, akiket nőknek is szoktak máskülönben hívni. Így aztán bárkinek, aki a nemek kevésbé szigorú kategorizálásával próbálkozna, s például a hermafroditákat is be akarná venni, komoly fejtörést fog okozni ez a merev rendszer.

At all times you must carry your ID, this precious document which clearly sets out the fundamental parameters that define you and others – thus saving you the trouble of having to orient yourself in this messy world. At all times, but in particular when you are smartly dressed in little more than your birthday suit for sunbathing, boating and so forth. Whatever the time or occasion, do not leave home without it, or else... Or else you cannot prove your innocence, that you are indeed who you are, who you say you are, who you claim to be. Mind you, why accept only people's word, when you can trust what's written in their documents much more?

The authorities' intense fascination with documents does not stop with ID's. Drivers have the extra pleasure of having to carry their driving licence as well which will happily prove their driving competence, whatever incompetence they have blatantly demonstrated.

Személyid mindig nálad legyen; ez a felbecsülhetetlen értékű irat világosan megadja a téged és a többieket meghatározó alapvető paramétereket – és így megtakarítja a fáradságot, hogy egyedül kelljen eligazodnod ebben a kusza világban. Mindenkor nálad kell legyen, de különösen, amikor Ádám-Éva kosztümnél alig vagy többe kiöltözve napozás, csónakázás stb. közben. Soha, semmilyen alkalommal ne lépj ki nélküle az ajtón, különben... Különben nem fogod tudni bebizonyítani ártatlanságodat, hogy valóban az vagy, aki vagy, akinek mondod magad, akiről azt állítod, hogy te vagy. És tényleg, miért is higgy pusztán az emberek szavának, amikor sokkal jobban megbízhatsz abban, ami a papírjaikban áll?

A hivatalok odaadó rajongása a dokumentumokért nem ér véget a személyinél. Az autósoknak az a plusz élvezet jut, hogy maguknál kell hordaniuk jogosítványukat is, amellyel gond nélkül igazolhatják vezetési szakértelmüket, bármilyen nyilvánvaló kontárságról tettek is éppen tanúbizonyságot.

LITERARY CORNUCOPIA

Hungarians violently differ on most everything, but they all enthusiastically concur in their pity for the rest of the world deprived of the unparalleled and, mostly, painful pleasures of Hungarian literature. If only the world knew what they are missing out on!

Hungarians invariably revel in the masochistic pain of experiencing yet more dimwit foreigners who, however erudite they may be, or claim to be, cheerfully admit, without any trace of shame or guilt, that they are total ignoramuses regarding Hungarian literary treasures.

This attitude is all the more painful for Hungarians since it is in stark contrast with their own awareness of European culture. Hungarians grow up with the classics of world literature as household names. For Hungarian children, Oliver Twist, Gulliver, Robinson Crusoe and Alice, along with the other famous childhood literary heroes, are close friends. Indeed, were there one, Hungarian children would pass the examination in European Cultural Heritage Awareness with flying colours. They think that Winnie the Pooh,

IRODALMI BŐSÉGSZARU

A magyarok véleménye úgyszólván mindenben hevesen eltér egymástól, ám mindannyian lelkes egyetértéssel fejezik ki sajnálkozásukat amiatt, hogy a világ meg van fosztva a magyar irodalom párját ritkító és – általában – fájdalmas gyönyöreitől. Ó, ha a világ sejtené, miről marad le!

A magyarok kivétel nélkül mazochista önmarcangolásba kezdenek, amikor egy újabb bunkó külföldi – bármilyen művelt, vagy bármilyen műveltnek tartsa is magát – a szégyenkezés vagy bűntudat legkisebb jele nélkül bevallja, hogy abszolúte semmit nem tud a magyar irodalom remekeiről.

Ez a beállítódás annál is inkább fájdalmasan érinti a magyarokat, mert égbekiáltó ellentétben van azzal, ahogyan ők ismerik az európai kultúrát. A magyarok számára a világirodalom klasszikusainak nevei már gyerekkortól otthonosan csengenek. Twist Olivér, Gulliver, Robinson Crusoe és Alice, a gyerekirodalom más híres hőseivel együtt, a magyar gyerekek meghitt barátai. És valóban, ha lenne vizsga az Európai Kulturális Hagyományok Ismeretéből, azon a magyar gyerekek színjelesen szerepelnének. Meggyőződésük, hogy Micimackó, Kisherceg és Asterix a szomszéd

Little Prince, Asterix and all the others live just round the corner and speak – what else? – eloquent Hungarian.

How come then that dazzling Hungarian literary figures have yet to claim a place among the European canon? (Two notable exceptions to this are George (György) Mikes whose humorous insights into English idiosyncrasies have appeared in numerous editions, and Arthur (Artúr) Koestler who is perhaps the only Hungarian writer to achieve the dubious distinction of having his Darkness at Noon enshrined in the English school syllabus.) Small wonder then, if Hungarians feel justified in adding this point to their semi-conscious list of resentments.

Shakespeare, and such like, are not so bad but there is, of course, no real comparison with some of the many geniuses of Hungarian 'belles-lettres' such as János Arany, Attila József, Miklós Radnóti, Frigyes Karinthy, Dezső Kosztolányi, to name but a few of their heroes. Compared with these literary giants, English, French, and German writers have simply been inexcusably lucky to write in languages accessible to such a large market, thus ensuring their place in the universal literary consciousness.

The Hungarian solution to this particular injustice is to trust their firm knowledge that in any case the Hungarian translation of foreign works is far better than the original piece. As for their own writers, there is no doubt whatsoever in their mind that if only others knew what they were missing, the great Hungarian language-learning craze would break out instantaneously.

For the moment, though, there is no such danger. Most Hungarian literature, thus much of its culture, is quite solidly stashed away in the enigmatic mysteries of the Hungarian language for the foreseeable future.

sarkon lakik és – milyen más nyelven is beszélne, ha nem ékes magyarsággal?

Hogy lehet akkor, hogy a magyar irodalom nagyságainak még ki kell verekedni a helyüket az európai klasszikusok között? (A két neves kivétel: Mikes György, akinek humoros könyvei az angolok hóbortjairól számtalan kiadást megéltek; és Koestler Artúr, valószínűleg az egyetlen magyar író, akinek sikerült elérnie azt a kétes dicsőséget, hogy könyve, a Sötétség délben klasszikusként bekerült az angol középiskolai tananyagba.) Nem csoda, ha a magyarok jogosnak érzik, hogy ezt a kérdéskört is felvegyék félig öntudatlan neheztéléseik listájára.

Shakespeare és a hozzá hasonlók nem olyan rosszak, de persze össze sem hasonlíthatók a magyar szépirodalom olyan géniuszaival, mint Arany János, József Attila, Radnóti Miklós, Karinthy Frigyes, Kosztolányi Dezső, hogy csak néhányat említsünk a magyarok hősei közül. Ezekhez az irodalmi óriásokhoz képest az angol, francia és német írók egyszerűen csak megbocsáthatatlanul szerencsések voltak, hogy olyan széles piac számára hozzáférhető nyelven írtak, s így sikerült bekerülniük az egyetemes irodalmi köztudatba.

A magyar válasz erre az igazságtalanságra az a meggyőződés, hogy a külföldi munkák magyar nyelvű fordításai különben is sokkal jobbak, mint az eredeti. Ami pedig saját íróikat illeti, a leghalványabb kétség sem férhet hozzá, hogy ha a világ sejtené, miről marad le, azonnal kitörne a nagy magyarnyelv-tanulási láz.

Egyelőre azonban nem fenyeget ez a veszély. A magyar irodalom túlnyomó része, akárcsak a magyar kultúráé, a belátható jövőben is jól el lesz rejtve a magyar nyelv titokzatos misztériumába.

LANGUAGE AND IDENTITY

Hungarians take it as an outlandish insult to their identity if you assume their language is just another Slav language like many around Hungary. Indeed Hungarians take enormous satisfaction from the fact that, in spite of numerous lengthy invasions of their territory, in spite of being in a sea of Slav languages, they have managed to stay in splendid isolation of their own exotic tongue.

The elusive search for the 'real' origins of the Hungarian language has kept many academics busy for centuries and will continue to do so for some time to come. The Hungarian language has been related to the most likely and unlikely of languages, including Sanskrit, Japanese, Turkish, Hebrew, Sumer and... here you can safely throw in a few others of your own.

'Hal' and 'Kala'

For some time now, the Finno-Ugrian connection has been favoured. At first sight, this may come as a surprise since there is no way a Finn and a Hungarian can understand or even recognise the

NYELV ÉS IDENTITÁS

A magyarok identitásuk elleni hajmeresztő sértésnek veszik, ha úgy véled, hogy nyelvük csak egy szláv nyelv, mint annyi más Magyarország körül. S tényleg óriási megelégedéssel tölti el őket, hogy annak ellenére, hogy hányszor és milyen hosszú ideig volt területük megszállva, s annak dacára, hogy országuk a szláv nyelvek tengerében fekszik, sikerült fényesen elszigetelniük magukat egzotikus nyelvükben.

A sötétben tapogatódzó kutatás a magyar nyelv 'igazi' eredete után hosszú évszázadok óta sok tudóst foglalkoztat, és így is lesz ez még egy jó ideig. A magyar nyelvet a leghihetőbb és hihetetlenebb nyelvekkel hozták már rokonsági kapcsolatba, mint például a szanszkrit, a japán, a török, a héber, a sumér és … itt magad is nyugodtan bedobhatsz még néhányat a saját ötleteid közül.

'Hal' és 'Kala'

Egy ideje immár a finn-ugor rokonság a favorit. Első látásra ez meglepő lehet, hiszen egy finn és egy magyar nemhogy nem képes megérteni egymást, de még csak fel sem ismerik a másik nyelvet, amellyel állítólag rokonságban lennének. Továbbá, arra sem

other language it is supposed to be related to. Furthermore, not many go to any effort to visit their long lost relatives' homeland either.

Most Hungarians will be surprised to learn from you that the Finnish word for 'hal' (fish) is 'kala.' So there you have it. If that is not enough, you can always point out the contrast/similarity between 'kéz' (hand) and Finnish 'kete'. This pattern of consistent dis/similarity, such as the disappearance of the final vowel in Hungarian, should clinch the argument – depending, of course, on what exactly you're intent on proving or disproving.

Diacritics: the Hungarian Heart's Delight

Another trick up your sleeve is to point out the perplexing array of diacritics spread generously on words in a decidedly random fashion in both Hungarian and Finnish.

Regardless of any supposed or actual connection between Hungarian and Finnish, Hungarians exult in the rich variety of diacritics in their own language. Apart from looking so pretty in writing and adding variety to texts that would in other languages bore the pants off readers, the little dots and accents, in solos or pairs, carry fundamental meanings. Two words you will quickly pick up in Hungary are 'bor' (wine) – not to be confused with 'bór' (boron, the element) or 'bőr' (skin); and 'sör' (beer) which, if you want to avoid a 'sor' (queue) on a hot summer's day, you will have to learn to distinguish clearly.

Diacritics are not just for the eyes, but entice the ears as well. While drinking your 'bor' or 'sör', with each clinking of their glasses (carried on to a manic degree) Hungarians will nonchalantly toss a long word at you that will make you choke on your drink.

When you attempt to repeat their 'Egészségedre' (Cheers!), they will roll about in convulsions of laughter unless you are particularly careful about getting the third 'e' right which is in fact an 'é'.

sokan szánják rá magukat, hogy ellátogassanak rég nem látott rokonaik szülőföldjére.

A legtöbb magyar csodálkozva fogja hallani, ha megemlíted, hogy a 'hal' finn megfelelője a 'kala'. Na tessék. És ha ez nem elég, akkor még mindig felhívhatod a figyelmet a magyar 'kéz' és a finn 'kete' közötti kontrasztra/hasonlóságra. Az ilyen következetes megfelelések/eltérések, mint például az utolsó magánhangzó eltűnése a magyarban, perdöntő kell hogy legyen az érvelésben – természetesen attól függően, hogy pontosan mi is az, amit bizonyítani, illetve cáfolni óhajtasz.

Ékezetek:
a magyar nyelv ékessége

Egy másik mutatvány, amivel előállhatsz, hogy rámutatsz az ékezetek meghökkentő bőkezűséggel elszórt kusza halmazára a magyarban és a finnben egyaránt.

De a magyar és a finn közötti állítólagos vagy valódi rokonságtól függetlenül is, a magyarok tobzódnak nyelvük ékezeteinek gazdag választékában. Attól eltekintve, hogy írásban olyan jól festenek és változatosságot biztosítanak olyan szövegeknek is, amelyektől más nyelveken az olvasó kinyúlna az unalomtól, a magányosan vagy párban járó kis pontocskák és vesszőcskék alapvető jelentést hordoznak. Két szót biztosan hamar fel fogsz szedni Magyarországon, az egyik a 'bor' – vigyázz, össze ne keverd a 'bór'-ral (kémiai elem) és a 'bőr'-rel; a másik a 'sör', s ezeket a szavakat, ha el akarod kerülni a 'sor'-ban állást forró nyári napokon, világosan meg kell tudnod különböztetned egymástól.

Az ékezetek azonban nem csupán a szemnek, a fülnek is igen kedvesek. Borozgatás vagy sörözgetés közben a magyarok minden koccintásnál (ami sokszor mániákus mértékeket ölt), hanyagul odavetnek egy hosszú szót, amitől fuldoklás jöhet rád ivás közben.

Ha megpróbálod elismételni, hogy 'egészségedre', nevetőgörcsben fognak fetrengeni, hacsak nem ügyelsz nagyon arra, hogy a harmadik 'e'-t, ami valójában 'é', helyesen ejtsd. Végtére is, van egy kis különbség aközött, hogy vendéglátód „egész-ségére"

After all, it makes a slight difference whether you extend your good wishes to your host's "health and wholesomeness", as in 'Egészségedre', or to "the whole of their arse", as in 'Egészsegedre' – diacritic fans, note the missing diacritic on the third 'e' in this version.

The down-side of delighting in diacritics, however, is that Hungarians spend the first half of their lives trying to master the hugely complex system; and the second half uptight about whether they've got it right. But take heart: if a Hungarian keyboard is at hand, it will come complete with all the diacritics you could ever wish for, is at hand. All you need do is configure your word processor for it, then toggle between the two systems – oh, and don't forget to keep your dictionary nearby so that you don't get your toggles in a twist!

'Legeslegmegszentségteleníthetetlenebbeiteknek'

Beware: as a rule, the main stress in Hungarian is on the first syllable, therefore a generous approximation of words lumped together will not do the trick as when, for example the French speak English or the English speak French. Since Hungarian is an agglutinative language, you endlessly add bits and pieces to a word, in the one and only correct order to boot, to both the back and front of the word, to specify what you mean. 'Legeslegmegszentségteleníthetetlenebbeiteknek' is just one example, hopefully for you to get the drift, of a perfectly possible construction.

The most challenging part of this, of course, is just how to look up the word in the dictionary, should you be bold enough to have a go at it. Do you look under 'l', or 'leg', or 'leges'? Obviously, first you have to have a rather sophisticated overview of the language and its grammar before you can make any intelligent attempt at dissecting the word into its core. Having successfully worked out the morphology of the word, should you still have the energy and inclination, you can look up the root in a dictionary with a reasonable expectation of finding it there. This leaves you with

iszol-e, mint az 'egészségedre', vagy „egész seggére"
mint az 'egészsegedre' esetén – ékezetimádók,
figyelem, ebben az alakban hiányzik az ékezet
a harmadik 'e' fölül.

Az ékezetekben tobzódás lehangoló oldala azonban
az, hogy a magyarok életük első felét azzal töltik,
hogy megpróbálják elsajátítani ezt a rendkívül
bonyolult rendszert; a második felét pedig azzal,
hogy folyvást izgulnak, vajon sikerült-e? De ne
csüggedj: ha van kéznél magyar billentyűzet,
az összes elképzelhető ékezet rendelkezésedre áll,
amire csak szükséged lehet. Csupán
szövegszerkesztődet kell hozzá konfigurálni
és máris váltogathatsz a két rendszer között,
– ja, és a szótár legyen a kezed ügyében,
hogy váltogatás közben be ne csavarodj.

Legeslegmegszentségteleníthetet-lenebbeiteknek

Vigyázz: a főhangsúly a magyarban mindig az első
szótagon van, ezért megközelítő kiejtéssel
összehordott szavakkal nem sokra mégy, mint amikor
franciák angolul, vagy angolok franciául beszélnek. S
mivel a magyar toldalékozó nyelv, így vég nélkül
illeszthetőek különböző jelentésmódosító részecskék –
ráadásul csak egyféle helyes sorrendben – a szó
elejére és a végére egyaránt.

A legeslegmegszentségteleníthetetlenebbeiteknek csak
egy példa, hogy remélhetőleg némi halvány fogalmat
nyerj, miként fest egy nyelvtanilag tökéletesen
elképzelhető szerkezet.

A legtöbb találékonyságra persze akkor van
szükséged, amikor meg akarod keresni a szótárban a
szó jelentését, ha egyáltalán meg mersz ezzel
próbálkozni. Hol fogod keresni, az 'l' vagy a 'leg' vagy
a 'leges' alatt? Nyilván először meglehetősen átfogó
képed kell legyen a nyelvről és nyelvtani rendszeréről,
mielőtt bármiféle értelmes kísérletet tehetnél arra,
hogy eljuss a szó tövéhez. Ha sikerült lebontanod a
szót összes alkotóelemére, és netán még mindig
maradt energiád és kedved megkeresni a tövét a
szótárban, akkor számíthatsz rá, hogy ha minden jól
megy, meg is találod. S akkor már csak a szó
számtalan többi darabkája marad ott neked, ám

only the countless other bits and pieces of the word, the meaning of which you may, sadly, have less chance of tracking down.

When you hear that the core of "Legeslegmegszentségteleníthetetlenebbeiteknek" is 'szent' ('holy/sacred' – from the same Latin word as 'saint'), you will surely rush out to take up Hungarian lessons immediately.

Eszperente

The observant reader must have also noticed the astounding number of 'e's (the same vowel sound as in 'red') in the short and sweet Hungarian word above, as well as in the very commonly used 'Egészségedre'. As a novice Euro-Hungarian, you will most likely see this great propensity of one vowel in Hungarian as monotonous at best, deadly boring at worst.

Not so Hungarians. They cheerfully, and with the greatest conviction, boast about this wonderfully unique feature of their dearly-loved tongue. And indeed, there are not many languages in which inventive language users can entertain one another by talking in 'Eszperente', a playful and often very funny language of Hungarian words where the vowels are exclusively 'e'.

First it seems deceptively easy, since you can confess your love in Hungarian in a beautiful string of 'e's: 'Eszeveszetten szeretlek egyetlen szerelmem' (I'm crazy for you, my one and only love). You can further enhance intimacy by 'Megeszlek kedvesem' (I eat you my darling); but then, as you proceed to express more passionate desires, the perfect harmony of 'e's gets slightly more difficult to maintain in useful words like 'Imádlak' (I adore you) and 'Csókollak' (I kiss you) – not to mention even more intimate exchanges.

A note of warning: Hungarians naturally take great exception to anyone confusing eszperente with Esperanto. Eszperente was created by Frigyes Karinthy, a wonderfully creative, often hilarious Hungarian writer, and is continually reinvented as a national pastime. Eszperente is innovative, intellectually challenging, and, above

jelentésük kiderítésére sajnos sokkal kevesebb az esélyed.

Ha megtudod, hogy a legeslegmegszentség-teleníthetetlenebbeiteknek töve a 'szent' (az azonos jelentésű, latin eredetű 'saint'-ből), nem kétséges, hogy hanyatt-homlok rohansz magyar leckéket venni.

Eszperente

A figyelmes olvasó nyilván észrevette már az 'e'-k megdöbbentő számát (ugyanaz a magánhangzó, mint a 'red'-ben) a fenti rövidke és kedves magyar szóban, csakúgy mint az igen gyakorta használt 'egészségedré'-ben. Újdonsült euró-magyarként egyetlen magánhangzónak ezt az óriási túltengését a magyarban a legjobb esetben is monotonnak, a legrosszabb esetben viszont halálosan unalmasnak fogod találni.

Nem így a magyarok. Vidáman és teljes átéléssel büszkélkednek hőn szeretett nyelvük eme csodálatosan egyedülálló sajátosságával. És valóban, nem sok olyan nyelv van, mint a magyar, amelyen az elmés nyelvhasználók 'eszperenté'-vel szórakoztathatnák egymást, azzal az időnként rendkívül humoros nyelvjátékkal, amelyben a magánhangzó kizárólag csak 'e' lehet.

Először könnyűnek látszik a dolog, hiszen magyarul az 'e'-k következő gyönyörű láncolatával vallhatsz szerelmet: 'eszeveszetten szeretlek egyetlen szerelmem'. Tovább fokozhatod a bensőséges hangulatot a 'megeszlek kedvesem'-mel; de amint továbblépsz szenvedélyesebb vágyak kifejezése felé, az 'e'-k tökéletes harmóniáját már kicsit nehezebb fenntartani az olyan hasznos szavakban, mint az 'imádlak', 'csókollak' – nem is szólva a még intimebb érintkezési formákról.

Figyelem: a magyarok természetesen igen komolyan zokon veszik, ha bárki összekeveri az eszperentét az eszperantóval. Az eszperentét Karinthy Frigyes, a csodálatosan kreatív és gyakran ellenállhatatlanul humoros magyar író találta ki, és nemzeti szórakozásként folyamatosan újjászületik. Az eszperente újszerű, megmozgatja az agysejteket, és mindenekfölött, magyar. Az eszperantó viszont csak

all, Hungarian. Obviously, Esperanto being just another foreign language, and an artificial one at that, stands no chance of comparison.

Hungarians expect you to articulate your words clearly, with the main stress on the first syllable – remember? At the same time, they are not particularly adept at interpreting approximations, however creative, of Hungarian words. On the brighter side, you can be as free as you like with word order, to emphasise different meanings possible in a sentence. Here you cannot really go wrong, unlike, for example, in English where it can make a slight difference whether you say "The dog bit the man" or "The man bit the dog."

The Language that Reaches the Parts Other Languages Cannot Reach

The number of people who feel they need the challenge of a lifetime, or, to put it more subtly, are daft enough to attempt to learn this fascinating language is few and far between. And with good reason too. You may well be a polyglot, yet you can safely assume that none of your linguistic knowledge will help you master Hungarian. Cheer up, though: your prospects will be distinctly rosier if your linguistic repertoire includes another Finno-Ugrian language such as ... er ... um ... Finnish, for example.

Nonetheless if you do make the effort, you will be overwhelmed by the warm encouragement and personal attention you receive from Hungarians. A Hungarian linguistic encounter will be nothing like you have experienced before.

It will also be quite unlike what you may recall about the French, for example, who passionately despise you for the most insignificant slips in your French.

It will certainly be unlike your frustration with the English who dispassionately tolerate imperfections with a fatigued condescension, steadfastly refusing to correct your mistakes however you beg them to.

egy a sok idegen nyelv közül, ráadásul mesterséges,
vagyis az előbbinek még a nyomába se érhet.
A magyarok azt várják tőled, hogy tisztán ejtsd a
szavakat, s a hangsúly – ugye emlékszel? –
mindig az első szótagon legyen. Ugyanakkor nem
nagyon értenek a magyar szavak hozzávetőleges
kiejtésének értelmezéséhez, legyen az bármily
leleményes is. A dolog napos oldala viszont, hogy
olyan szabadon bánhatsz a szórenddel, ahogy csak
tetszik, ha a mondatban lehetséges eltérő
jelentésárnyalatokat akarsz hangsúlyozni.
Itt nemigen lőhetsz bakot, nem úgy, mint az
angolban, ahol korántsem mindegy, hogy „a kutya
harapta-e meg az embert" vagy
„az ember a kutyát".

A nyelv, amely oda is eljut, amiről
más nyelvek csak álmodoznak

Meglehetősen elenyésző azoknak a száma, akik úgy
érzik, szükségük van életük nagy kihívására, avagy,
finomabban fogalmazva, elég ostobák ahhoz, hogy
megkíséreljék megtanulni ezt az elragadó nyelvet. És
jó okkal. Mert lehetsz bármilyen nyelvzseni, mégis
biztosra veheted, hogy nyelvtudásodból semmit nem
tudsz majd használni a magyar elsajátításához. De fel
a fejjel: kilátásaid némileg rózsásabbak, ha már tudsz
valamilyen más finn-ugor nyelvet is, mint pl. a ... ö ...
hm ... a finn.

Ha mégis megpróbálkozol a dologgal, a magyarok
elárasztanak majd meleg bátorítással és személyre
szóló figyelemmel. A magyar nyelvvel való
találkozásod semmi korábbi nyelvi élményre
nem fog hasonlítani.

Meglehetősen különbözni fog például
a franciáknál tapasztaltaktól, akik szenvedélyesen
megvetnek a franciádban ejtett legelenyészőbb
hiba miatt is.

Biztosan különbözni fog az angolokkal kapcsolatos
frusztrációdtól, akik fáradt leereszkedéssel,
közömbösen tűrik a pontatlanságokat, és mereven
elutasítják, hogy kijavítsák hibáidat,
bárhogy is esdekelj.

And it will definitely be different from the sense you get from Germans when they mightily patronise you for not yet having recognised that the language of Goethe never really ceased to be the number one language.

Quite the contrary to all of this, as model Europeans, Hungarians display the much-needed spirit of goodwill and co-operation by being totally enchanted with your most humble efforts to communicate in their cherished, albeit somewhat perplexing, tongue. They will find your repeated attempts at Hungarian pronunciation simply hilarious, and, at the same time, find your accent irresistibly cute however it may impede communication.

You must be prepared to receive spontaneous, loving, and apparently endless tutorials, triggered off by a word you mispronounced or misused. In short, if you can bear the intensive goodwill of Hungarians as they focus with missionary zeal on your modest efforts, the most rudimentary linguistic skills in Hungarian will go a long way and reach the parts that other languages cannot reach.

Winning Words World-Wide

Learning Hungarian offers a terrific deal. For the price of one, you get, in fact, two languages: Hungarian, which, for most people, is sufficiently challenging in itself; and its mind-boggling version, Eszperente, for those extra special occasions when you feel intellectually fit.

Perhaps the most enticing part, though, of this irresistible offer, is that you will be able to use Hungarian in all the most vital parts of the world, such as ... um ... er .... Hungary, for example!

Hungarians think big. Having given the world not just one but, counting Eszperente, two fascinating languages, they are not particularly concerned with small treats, like words.

And yet, illustrious Hungarian words like 'paprika' and 'gulyás' ('goulash') are easily recognizable Hungarian trademarks in the universal consciousness. So too is 'huszár'

És gyökeresen különbözni fog a németek hozzáállásától, akik magas lóról lekezelnek, mert még nem jöttél rá, hogy Goethe nyelve soha nem szűnt meg világelső lenni.

Éppen ellenkezőleg, a magyarok, mintaszerű európaiként, kellő jóindulatukat és együttműködési készségüket demonstrálandó, teljesen el lesznek ragadtatva a legszerényebb kísérletedtől is, hogy megszólalj dédelgetett, de némileg szövevényes nyelvükön. A magyar kiejtés elsajátítására tett ismételt próbálkozásaidat éktelenül szórakoztatónak fogják találni, akcentusodat pedig ellenallhatatlanul aranyosnak, bármennyire akadályozza is a megértést.

Fel kell készülnöd rá, hogy ha rosszul ejtesz ki egy szót??? és végtelennek látszó pallérozási rohamokat fog kiváltani belőlük. Egyszóval, ha el tudod viselni a magyarok intenzív jóindulatát, amint misszionárius elszántsággal összpontosítanak szerény erőfeszítéseidre, a legcsökevényesebb magyar nyelvtudás is sokat elérhet, és oda is eljuthat, amiről más nyelvek csak álmodoznak.

Világszerte nyerő szavak

A magyartanulás óriási üzlet. Hiszen egyet fizetsz, kettőt kapsz: a magyart, amely a legtöbb ember számára már önmagában épp eléggé próbára tévő; és ennek agytornáztató változatát, az eszperentét, azokra a különleges alkalmakra, amikor értelmileg elég frissnek érzed magad.

Ennek az ellenállhatatlan ajánlatnak talán a legcsábítóbb része, hogy a magyart a világ összes életfontosságú fertályán használhatod, mint pl. ... hm ... ö ... hát, például Magyarország!

A magyarok nagyban gondolkodnak. Miután nem is egy, hanem – az eszperentét is számítva – két elbűvölő nyelvet adtak a világnak, nem nagyon érdeklik őket olyan apróságok, mint pl. a szavak.

És mégis, az olyan illusztris magyar szavak, mint a 'paprika' és a 'gulyás' ('goulash') könnyen felismerhető magyar márkavédjegyek az egyetemes köztudatban. Csakúgy, mint a 'huszár' ('hussar') a 'húsz'-ból, mert egy falu minden huszadik emberét

('hussar') from the word 'húsz' ('twenty'), since every twentieth man in a village was expected to enlist when the light cavalry was raised in 1458.

However, the word that is extremely common in several European languages – and not generally recognized as of Hungarian etymology – is 'coach' (Hungarian 'kocsi'). Again, it is particularly appropriate, and adds to Hungarians' European credentials, that this should be so, since this early means of rapid transportation facilitated mobility and international communication, thus acting as an important catalyst to European integration.

Keeping up this tradition, Hungarian 'Ikarus' buses – named after the more aspiring than fortunate mythical figure and operating in the most likely and unlikely parts of the world – have their ancestry in these light, rapid carriages first produced in the village of Kocs (midway between Budapest and Vienna) doomed any moment now to international fame.

In the fifteenth century, such a spectacularly fast carriage – i.e. one that covered 45 miles (75 kms in Euro-Hungarian) per day! – made an excellent royal present for Charles VII of France when, in 1457, Lesley V of Hungary and Bohemia proposed to Charles' daughter Madeleine.

This, of course, is another clear piece of evidence for the Hungarian historical-cultural argument for the unequivocal, well-established place of Hungarians in the heart of Europe where, remember, they have always belonged...

hívták be katonának, amikor a huszárságot először felállították 1458-ban.

Van azonban egy szó, amely igen elterjedt számos európai nyelvben – s amelyről általában nem tudják, hogy magyar eredetű –, és ez a 'coach', magyarul 'kocsi'. És ez megint különösen helyénvaló és csak tovább növeli a magyarok európai érdemeit, hogy így van, hiszen ez a korai, gyors közlekedési eszköz a mozgékonyságot és a nemzetközi érintkezést szolgálta, s így az európai integráció fontos katalizátoraként működött.

E hagyomány értelmében, a magyar Ikarusz busz – amely nevét a szerencséjénél nagyobbra törő mitológiai figuráról kapta, és amely a világ szinte minden elképzelhető táján fellelhető – őse ez a könnyű, gyors járású kocsi, amelyet először a most már alighanem világhírű Kocs községben állítottak elő (félúton Pest és Bécs között).

A tizenötödik században ez a szemkápráztatóan gyors jármű – naponta 45 mérföldet (euró-magyarul 75 kilométert) is képes volt megtenni – kiváló királyi ajándékul szolgált VII. Károly francia király számára, amikor 1457-ben V. László, Magyarország és Csehország királya megkérte Károly lánya, Madeleine kezét.

És ez persze ismét csak napnál világosabban azt a magyar kultúrtörténeti érvet támasztja alá, hogy a magyarok szilárdan megalapozott helye visszavonhatatlanul Európa szívében van, ahová, ne feledd, mindig is tartoztak...

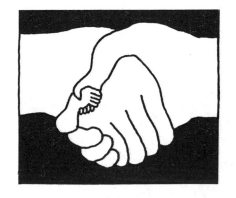

The thesis advanced throughout this book – in the most serious manner possible – is that the snappy solution to becoming truly European (which you might never have imagined) is glaringly obvious: go Hungarian!

Whether you agree or disagree, your own ideas and comments on _How to Be a European: Go Hungarian_ (English and/or Hungarian version), tongue-in-cheek or otherwise, are most welcome.

Write to: Zsuzsanna Ardó
Pf. 1701 1465 Budapest Hungary